原発が「死んだ」日

チェルノブイリ被曝児〈ベラルーシ〉89人の里親となった僧侶の20年

永江雅俊 著

NAGAE, Masatoshi

JN155716

阿吽社

はじめに

『原発が「死んだ」日』という書名は、出版社がつけたものだが、これにはふたつの意味があると、私は感じている。

ひとつは、東電（東京電力）福島第一原発1～4号機のように、大事故を起こすなどして稼働不能となった原発が、法律上も廃止が決定した日を指す。原子力によって電気を造り供給するという原発の機能は「死んだ」と言っていいだろう。しかし、事故から4年以上が経過しても核燃料物質は「生きて」おり、いまだそれを安全に取り出すすべは見いだされていない。この間も、そして当然いまも、放射能（放射性物質）は放出され続けている。

福島第一原発事故から25年前の１９８６年、ウクライナ（旧ソ連）のチェルノブイリ原発4号炉が炉心溶融（メルトダウン）事故を起こし、ヨーロッパをはじめ世界中に放射能をばらまく深刻な事態を招いた。原子炉内にある核燃料棒を取り出して処理することは不可能であり、4号炉全体をコンクリートの建造物（石棺）で覆うという廃炉処置がとられた。これは、現在のフクシマよりは「死んだ」状態にあると言えるかもしれない。だが、コンクリートが半永久的なものであるわけもなく、現在、その状態を二重に囲む新たな石棺が造られている。

フクシマでもチェルノブイリでも、原子力発電所の機能停止だけでは、原発が「死んだ」とまでは、ちょっと言いづらいように思うのは、私だけではないだろう。ただ、そうであっても、それは「小さい死」ではあるだろう。まずは、機能停止・廃炉から始めていかなければならない、と思う。

チェルノブイリ原発事故が起きたころ、私は、北電（北海道電力）「泊《とまり》」原発の建設反対運動の渦中にいた。抗議の意思表示として泊原発前で、3日間のハンガーストライキ（断食）もおこなった。原発の建設工事は1984年に着工されていたが、チェルノブイリのような大事故を起こす可能性のある原発が完成し稼働するなどの暴挙を、手をこまねいて見ていることなどできなかった。私たちの反原発運動は多くの人の賛同を得て、大きなうねりとなっていった。しかし事故の3年後、泊原発1号機は営業運転を開始し、つづいて2号機・3号機も稼働した。私たちの運動は、「挫折」したのだった。

私は北海道の真宗の寺の長男に生まれた。しかし後を継ぐよりも、音楽が好きだったので、そちらの方へでも進められたら、と思っていた。3歳下に弟がいた。彼が小学5年生のとき、左ひざに骨肉腫が発見された。3度手術し、膝から腿から切断した。義足をつけて歩く弟に寺を継いでもらい、自分は、とも考えていた。

1960年、国内が安保闘争で激しくゆれ動き、国会前のデモで樺美智子さんが亡くなった年だった。クラス討議を経て、自主的な高校生だけのグループで、生まれて初めてのデモに参加したときだ。入院している弟の顔を見に行くのが日課だったが、その日は付添いの母が病室を空けていた。再発し、やせ細り肩で息をしている弟と二人きりになると、いたたまれない気持ちになり、「じゃ、また明日くるから」と病室を出ようとしたときだった。ベッドの弟が私を見ていた。白い透き通った手を合わせて言った。「お兄ちゃん立派なお坊さんになってね」。2週間後、若い命は、ついえていった。

「泊」原発反対の願いが成就しなかったとき、たしかに少しむなしい気持ちにはなったものの、そこで原発に関する行動をやめる気にはならなかった。それは、弟の無言の言葉に支えられていたからかもしれない。けして立派などではないおのれではあるが、いやだからこそ、前を向いて、たんなる反対ではない運動のあり方を、私は模索していくこととなった。

そんなとき、1992年、チェルノブイリ原発事故で被曝したベラルーシ（ウクライナの隣国で事故の被害が最も大きかった国）の子どもたちを転地療養によって健康回復させるという活動があることを知った。私は即座に子どもたちの里親となる道を選んだ。その活動は18年間におよび、あずかった子どもたちは89人を数える。この間、ほぼ毎年、私のベラルーシへの来訪も16回になった。

この本の中心となっている「Ⅰ　チェルノブイリ被曝児との交流」は、そうした子どもたちをはじめ、かれらの親たちなど多くのベラルーシの人たちとの交流の中で起こったこと、考えさせられたことをまとめたものである。日本にやって来た子どものこと、ベラルーシの被爆地の村での体験、チェルノブイリ事故後20年目の思いがつづられた被災者からの貴重なメッセージ、フクシマの事故後に届いた大人になった里子からの手紙なども、掲載している。「Ⅱ　核・原発・放射能」には、標題どおりのテーマの短文をあつめた。「Ⅲ　仏法・仏道に学ぶ」は、僧侶としての想いをこめたものである。

『原発が「死んだ」日』という書名にはふたつの意味があるのではないか、と文頭に書いた。「原子力による発電所の機能の停止」だけでは、「死んだ」とまでは言い切れないのではないか、とも。

では、原発機能の停止・廃炉の先にある大事なこととはなんだろう。それは、放射能の完全除去にほかならない。人間だけではなく、生きとし生けるものすべて（一切衆生《いっさいしゅじょう》）に原発放射能の害が及ばないようになったとき、そのときこそ、ほんとうの意味で『原発が「死んだ」日』と言えるだろう。

放射能の半減期などを考えると、それはあまりに遠い未来のことになるであろう。また、どのようにしてその状態に持っていくのかについての方策も、確固たるものがあるわけでもない。現実的ではない、夢物語でしかない、などと言われるかもしれない。けれども、その日は必ずやってくると、私は信じている。

そんな想いを共有してくださる人たちは、日本中に大勢いるにちがいない。その方々にこの本を読んでいただければ、著者としてこんなにうれしく、ありがたいことはない。

感謝の気持ちを、ひとりひとりにお伝えしたい気持ちで、いっぱいである。　南無。

もくじ

I　チェルノブイリ被曝児との交流

ベラルーシの子どもたちと食卓を囲む著者

序章　フクシマからチェルノブイリへ

天災と人災

２０１１年3月11日、衝撃的なテレビの画像を目にしながら、心臓は激しく鼓動し、私はただ細切れに息を吐いていた。深く息を吸うことができない。短く吐くだけだ。画像に映らない、その裏側に拡がる、想像することすらできない現実を思った。未曾有の地震と津波が東北地方をはじめとする東日本の太平洋岸を襲い、町ごと村ごと故郷がえぐり取られていった。

家族が切り裂かれ、愛するものとの絆は断ち切られていった。まさに筆舌に尽くしがたい呻吟の極みである。もちろん人間だけではなく、愛する家族同様の家畜や動物たちが、いや生きとし生ける多くのものたちが、苦悶の中にいのちを終えていった。まさに阿鼻叫喚の地と化したのである。被害は12都道府県にまたがり、亡くなられた方、行方不明の方をあわせて約2万8000人にものぼるという。

そして東京電力（東電）福島第一原子力発電所の爆発事故だ。

すべてを破壊しつくすかのような地震と津波の翌日、3月12日午後3時36分、福島第一原発で稼働中の1号機建屋で水素爆発が起きた。続いて3号機も水素爆発、定期点検中の4号機も3号機から流入した水素により爆発。天災である地震・津波に続いて起こった、原発事故の被害は、とどまることを知らない。

あのときから日本列島は、海も大地も汚染されてしまっている。放射能は大量に飛散して、世界規模に拡がっている。日が経つにつれ、事態は収束するどころか深刻な状況になっている。

避難指令が出された20キロ圏内には、地震と津波で亡くなられた方の遺体が約1000体あると推定されたが、高線量の放射能を浴びて被曝しているため、ご遺体の収容は二次被曝の危険を生む。火葬すると放射性物質が空中に拡散するし、土葬しても土中に放射能が拡がる。いったいどうすればいいのか、言葉を失う。そして、このことについては、ほとんど報道されてこなかった。人類の歴史上こうした異常なまでの悲嘆状況は、放射能が生み出したものであり、もうあってはならないことである。

地震や津波の甚大な被害に関しては、復興とはほど遠く大きな難問が数多く立ちはだかっており、被災者の立場、そして弱者の視点から、今後抜本的な方途で地道な歩みが望まれることである。しかし原発事故に関してはどうであろう。いまだ収束されずに、ますます複雑な構造と欺瞞に満ちた現代の恥部が露呈してきている。

長いあいだ、政界・財界・官界・学界からマスコミまでもがグルになって、原発は安全で夢のエネルギーだと国民を欺き続けてきたと言えるのではないか。「フクシマ」は、起こるべくして起きた人災と言わざるをえない。

福島を歩いた日

今も思い出す。事故の3か月後の6月、私は仙台空港へ降り、どしゃ降りの雨の中を甚大な津波被害の海岸線を歩いた。たった一人で歩いた。そうしたかった。その方が、地獄絵図のような中で亡くなられた人々の慟哭の心に、少しは近づけるような気がしたからだ。袈裟も法衣もつけず、数珠も持たず、波打ち際をずっと歩いた。私は僧侶だが、僧侶である前に一人の人間でいたかった。

タクシーの運転手さんは、行く先々で、海を指さし大地を指さしながら、幾度も声をあげて泣いていた。嗚咽し震える背中の向こう側に、雨の止んだその日は、穏やかな波が静かに打ち寄せていた。

翌々日は、福島の地を歩いた。人は寡黙だった。複雑な悲しみと苦しみとを抱え込んでいる。

あれから3年、福島を再訪した。仙台から福島への長距離バスの旅は、記憶の糸をたぐる旅でもあった。

どのあたりだろうか、揺れるバスの窓から見た夕方の「みちのく」は、曇り空の中に泰然自若とたたずんでいた。意識的に彩色を排除し墨で描かれた白描画のような風景に、しばらく心を奪われていた。そのとき、雲の切れ間から初夏の陽光が差し込み、目映ゆいばかりに光り輝きだした。

いろいろなことが思い出され、急に胸が締めつけられ、万感胸に迫る想いがあった。

私はチェルノブイリ原発事故を思い出していた。事故の影響で被曝したベラルーシの村の人たちを思い出していた。

人は聞きたがる。私も当初はそうだった。おのれを安全な場に置いて、聞きたがり話したがる。しかしよく考えてみるがいい。いったい何を聞きたいのか、聞いてどうしようと思っているのか。

ただ黙って、そばにいっしょにいるだけでいいのに……。

それは、22年前から毎年1か月、チェルノブイリ原発事故で被曝したベラルーシの子どもたちと日本のわが家で暮らし、チェルノブイリ原発から30キロゾーンの立入禁止区域に隣接する村を十数度訪ねて、気がつかされたことだった。

バスは、夕闇迫る暗褐色のみちのくを走り続けている。

そうだ、あのときのことを話さなければならない。難聴になり、甲状腺を手術した、ナターシャからの電話のことを。

チェルノブイリ被災者からの電話

地震と津波による未曾有の大惨事の翌日、3月12日。福島第一原発が水素爆発を起こした。もくもくと不気味な白い煙を吐き出している映像にくぎづけになり、メルトダウンという言葉が浮かんで緊張しながら、テレビの前から離れられずにいるとき、電話が鳴った。

「アロー、アロー」

電話はナターシャからだった。日本のわが家にやってきた、ベラルーシの被曝児のひとりだ。こちらから電話することはあっても、向こうからかかってきたことはなかったので、びっくりした。後でわかったのだが、ベラルーシではフクシマの事故を、公的には1年近くも知らされていなかったという。彼女は滞在中のフィンランドから電話をかけてきてくれていた。彼女は電話口で泣いていた。そのことに驚いている私に、ナターシャは叫ぶように言った。

「ナガエさんだいじょうぶ？　フクシマだいじょうぶ？　ニッポンだいじょうぶ？」

私は、今でもあのときの電話が忘れられない。泣いている彼女と、大丈夫と応えながら言葉をのみこんでいる、私自身の姿と心だった。言いよどんだ言葉は、「遠いから……」というものだった。震災の地は、ここ北海道から離れており、「遠いから大丈夫」と思った自分がいた。

よそ事なんだ。ひと事なんだ。遠いって、大丈夫って、いったい何なんだ！

私は、そんな自分自身に愕然とし、打ちのめされた。

チェルノブイリ被曝児の里親なのに。1993年以来毎年、ベラルーシの被曝した子どもたちを1か月あずかって、計89人の親をさせてもらってきたのに。別れるときには、「本当の親と同じく愛してくれた」、と子どもたちが泣きじゃくって離れなかったのに。

私は、爆発し白煙を吹きあげる福島原発のテレビ画像に目がくぎづけになり、早まる心臓の鼓動を感じながら、自分の心の中に宿るおのれ中心の暗闇に、声を失うばかりだった……。

1章　チェルノブイリ被曝の子どもたち

チェルノブイリと反原発

1986年4月26日、現地では「悲しみの春」と呼び、放射能を「黒い羽」というが、この日はよく晴れた日だったそうだ。ウクライナ共和国（当時はソビエト社会主義共和国連邦〈ソ連〉内の一共和国）のチェルノブイリ原子力発電所が、国際原子力事象評価尺度でレベル7（深刻な事故）とされる史上最悪の事故（メルトダウン＝炉心溶融）を起こした。

当時の日本では3日後の4月29日に、「ソ連で原発事故か」「北欧に強い放射能」「大気からコバルト検出」の見出しで伝えられ、翌30日になって「最悪事故、炉心が溶融」「ソ連原発二千人超す死者？」、5月1日夕刊に初めて事故原発の写真が公開された（朝日新聞）。

チェルノブイリ原発事故の報道（朝日新聞）。上から1986年4月29日朝刊、4月30日朝刊、5月1日夕刊

朝日新聞 1986年4月29日

ソ連で原発事故か

北欧に強い放射能

タス通信「偶然の出来事」

大気からコバルト検出

朝日新聞

最悪事故、炉心が溶融

ソ連原発

二千人超す死者？

西側に対策の助言要請

タスは「二人死亡」

炉心溶融

放射能が拡散

数万避難と西側筋語る

朝日新聞（夕刊） 1986年（昭和61年）5月1日 木曜日 36033号

ソ連、事故原発の写真公開

屋根が破壊、陥没

「入院は197人」と発表

30日にソ連の国営テレビで放送されたチェルノブイリ原子力発電所の事故のあった建屋（写真右手）。大規模な破壊や火災があったとする西側報道は写真からみて誤り、とのコメントがついた＝ロイター・サン

国外では危険ない IAEA発表

広島原爆の約400倍ともいわれる放射能がヨーロッパの空を覆い、広範囲の地域に深刻な被害を与えた。なかでも最大の被害を受けたのは、チェルノブイリのあるウクライナ共和国ではなく、その北隣のベラルーシ共和国（ウクライナ同様、当時はソ連内の一共和国）だった。原発から出た死の灰は、風向きの関係で南から北へ向かい、国境を越えて、ベラルーシに降りそそいだのだった。約250万人が被曝し、そのうち15歳以下の子供たちは48万人を占める。

チェルノブイリ事故当時、北海道では、核のゴミといわれる放射性廃棄物施設の建設が計画されていた「幌延」（天塩郡幌延町）と、原子力発電所を建設中の「泊」（古宇郡泊村）が、大きな問題となっていた。旭川に生まれ育った私は、この状況を手をこまねいて見ていることはできなかった。新聞に意見広告を掲載し、反対集会・デモ・署名運動・講演会・直訴の手紙、と仲間とともに休む間もなく活動していた。

そして私はとうとう、3日間の断食に踏み切った。夜は砂浜にテントを張り、昼は泊原発のゲート前アスファルト上に直に座り、水も絶っての72時間だった。その後、泊原発建設に抗議する3日間断食は、札幌の北海道庁前や旭川の常盤公園などで、4度行なった。札幌では中年の男性から、「非国民」と罵声があびせられた。

非国民、第二次大戦中に、戦争に非協力と思われる人に投げつけられた言葉だという。日本という「国」の未来を危うくし、「国民」を裏切っていたのは、戦争に反対する人だったのか、それとも戦争を遂行した人だったのか。いまや答えは明白になっていると思っていたのだが、そうではないと考える人が、今もいるのだ、そう思うと愕然とした。「国」の無策で農業・漁業・林業などの第一次産業が疲弊しているところへ、行政や原発システム産業が地域振興と安全神話をぶら下げて、地域住民を洗脳したのではないか。その手法は、戦争に走ったときと似ている。「非国民」の罵声は、そんなことも想起させる。

泊原発建設はストップすることなく、美しいホリカップの浜辺には巨大な原発が建ってしまった（運転開始1989年6月）。私の胸には、むなしさが残った。

ベラルーシから天使がやってきた

単なる「反対」の運動ではなく、未来の地球と子どもたちのことを、みんなで考えていくべき道を私は模索していた。そんなとき、「1か月間、放射能のない地で、非汚染食物ときれいな空気の下で生活するなら、抗体ができ、その後、元の地に戻っても2年間の健康は維持される」というドイツ医師団の言葉に希望を持ち、被曝した子どもたちを助けようと、ドイツやイタリアをはじめ世界十数カ国で「転地保養里親運動」が展開されていることを知った。

この運動に共鳴した私は、子どもたちの親となることを決意した。チェルノブイリ事故から7年後の1993年、「幌延高レベル核廃棄物問題を考える旭川市民の会」共同代表だった私は、会の仲間に支えられながら、被曝児の招聘と受け入れを始めることとなる。

この年7月、ジェニス（男）、パベル（男）、ナージャ（女）、ターニャ（女）。4人の小学1年生は、ベラルーシ共和国ゴメリ州ブラーギン郡フラコヴィッチ村から、親と離れて、3日間かけて、遠い見知らぬ国・日本へやって来た。ベラルーシのフラコヴィッチ村はウクライナのチェルノブイリ原発からわずか35キロ、立入禁止の「30キロゾーン」に隣接している。

千歳空港には、会の共同代表の山内亮史氏（当時旭川大学教授、のちに学長）と、3日間もの旅をしてきた子どもたちの健康状態を診てくれる看護師と、いっしょに出迎えた。到着した子どもたちは、思ったよりも幼かった。

あいさつもそこそこに、4人の子どもたちを乗せて、車は走り出した。子どもたちは、窓の外を食い入るように見つめていた。夏の夜空に、どこかで花火が打ち上げられた。4人は興奮したように何か話している。日本の子どもたちよりも小さな、真っ白な肌をした1年生だった。

車中ではガムやチョコレートを手渡したが、疲労のためか、何も食べなかった。なにせ言葉が分からない。私は、「ダー（はい）、ニエット（いいえ）」くらいしかロシア語はわからないし、子どもたちが日本語をわかるはずもない。だから、コミュニケーションは身振り手振りしかない。

ベラルーシの学校では、高学年になるとドイツ語を勉強するという。「西側」の情報を得るために、西の隣国ポーランドのそのまた西隣であるドイツ語を学ぶ必要があるのだろう。ベラルーシに限らず、ヨーロッパの小国の人たちはバイリンガルどころか、数か国語を理解しないと生きていけないようだ。

また、南隣のウクライナ語はロシア語同様にひじょうに近い言語なので、フラコヴィッチ村の家庭ではときにはロシア語にウクライナ語を交えて会話していることも、後日わかった。それほどウクライナとは近い関係ということなのだろう。

とりあえず、ガムとかチョコレートなどと言いながら、分からなくても良いからニコニコ笑っていた。だが、いま思うと、初めて来た見知らぬ国で、初めて見る外国人がニタニタ笑っている、という状況にしか思えないような気がする。まだ6歳の幼い子どもたちだ。さぞかし不安だったことだろう。

途中で高速道路のサービスエリアがあった。そうだ、もうそろそろトイレに行きたいかもしれない。私は「ダー、ニエット」のほかに覚えてきたロシア語を使ってみた。「ピピー？　カーカ？」。「おしっこ、うんち」の幼児語だ。子どもたちは、私が突然ロシア語をしゃべったことに、それも、「おしっこ、うんち」、一瞬びっくりして目を丸くし、その後は大爆笑。おなかをかかえて笑い転げた。私も笑いながら、子たちの名前を一人ひとり読みあげては、名前と「ピピー、カーカ」を交互に言いながら、いっしょに大笑いしていた。なにせ、それしか言葉はわからない。でも、笑いながら涙がこぼれそうだった。

嬉しさと悲しさが同居している。でも、なぜ、この子たちはここにいるのだろう?。

放射能、放射能が原因だ。6歳の子どもたちが親と離れて、見知らぬ国へ来ている。親の気持ちを思うと、想像を絶するものがあった。ただただわが子の身体を思い、元気で生きてほしい、その願いだけであろう。涙で眼鏡のレンズが曇って、見づらかった。初めて会った子どもたち、国も民族も言葉も超える、「縁」を思った。

子どもたちを見つめながら、思った。この子たちの未来、そして人類の未来、地球の未来を考えなければならない。この子たちは、それを教えにきてくれているのだ、と。もう言葉の壁は感じなくなっていた。

旭川の私の寺に到着した子どもたちはあまりにも小さく、妻は驚きながらも玄関でしっかり抱きしめていた。言葉は必要ない。目を見て抱きしめれば心は通じた、と思う。5人家族が9人となった。

何を食べるのだろう。鶏肉とサクランボとスイカを、喜んで食べてくれた。スイカは赤い部分が無くなっても満足そうに食べていた。サービスエリアにずらっと並んだ自動販売機に驚き、そのとき買った缶ジュースを中身がなくなってもずっとすすっていたことを思い出し、胸がしめつけられる思いだった。

と同時に、何か日本を無意識に驕る心、「どう、すごいだろう」、と思い上がって他を侮る気持ちが、おのれの心の内にあることに気づいた。そんな心はないと思っていたはずなのに。自分が恥ずかしかった。

日本のくらしにとけこんで

寺の本堂隣の和室2部屋を女の子と男の子に分け、子どもたちの部屋にした。部屋の境の襖、床の間、畳、すべてが4人にとって珍しく、興奮気味だった。畳に布団を敷いて、私は、襖で仕切った男の子たちの部屋でいっしょに寝た。朝起きて驚いた。枕に鼻血がついていた。私はびっくりし、あれこれ尋ねたが、鼻血はこれまでもときどき出ていたというそぶりだった。鼻血は1週間続いて止まった。これも転地保養の成果なのだろうか。

いわゆる原発鼻血がどうであるかは別として、福島の原発事故が起きる18年前に、ベラルーシから日本に来たチェルノブイリ被曝の子どもたちが1週間、鼻血を出していたのは事実だった。全員ではなく、個人差があったが、翌年来た子どもたちもそうだった。子どもたちの鼻血が止まるまで、何が起きるか分からないから、私はいっしょに寝ていた。

ツギをあててつくろっている下着を着ている子がいた。共産主義国家ソビエト連邦の崩壊にともなって独立してからまだ2~3年、子どもたちの国ベラルーシは政治的にも経済的にも大混乱の時期であった。いわんや、首都からも遠く離れた小さな村からやってきた子どもたちである。豊かであろうはずがない。

しかし、私は気づかされた。日本は裕福さを誇ってはならない。驕ってはならない。

6歳の子どもたちは、部屋の電気はすぐに消し、水道の水はチョロチョロとしか出さなかった。ティッシュではなくハンカチを使い、それを自分で洗っていた。小さな子たちがハンカチを洗う姿を見て、私は何か大きな勘違いをしていることを覚った。少しずつ気がついてきた。

私は子どもたちを助けようとしていた。違う。そうではないんだ。助ける、それは思いあがりでしかないことに、気づかされた。

子どもたちは、車のエンジンの音だけで私が帰宅したことがわかり、「パパ、パパ」と言って、時には靴下のままで部屋から外へ飛び出し、私に抱きついてきた。

パベルは大きな声でしゃべる男の子だった。いつも黙々と働き、私や妻を手伝ってくれていたが、彼が慢性放射能障害で、数年後にやってきた姉のナターシャと同じく、強い難聴であることを知ったのは後のことだった。

おしゃれなジェニスは、いつもポケットにクシを持ち歩き、髪をなで上げては、男の子らしいいたずらをくり返していた。

長い髪のおしゃまなナージャは、しっかりした女の子で、みんなのリーダー格でもあった。店に連れていって、「これ買ってあげるよ」と言っても、必ず首を横に振り、「いらない」と言い続けた。帰国が迫ったころ、欲しそうにしていたものがあった。近くの文房具店で見たオルゴールだった。プレゼントすると、びっくりするくらい喜んでくれた。ナージャの家には今も大事に置かれている。

もの静かなターニャは、おかっぱ頭で金髪だった。いつもおとなしい女の子だったが、がんばり屋さんだった。

2人の女の子はいつも妻を助け、食事の手伝いをしてくれた。ジャガイモの皮むきがとても上手だった。そんなわけで、言葉を先に覚えたのは私ではなく、妻だった。

子どもたちは、食事の準備と後片づけは黙っていてもしてくれた。台所は、いつも笑い

北海道のテレビ番組に出演

声が絶えなかった。そのとき話される言葉は、最高の辞書で、会話集だ。女の子たちは私の母の部屋へ行って、「バーブシカ（おばぁさん）」となついてもいた。

4人は、朝のラジオ体操も町内の子供といっしょにする。日本の生活に慣れてきたと、安心した。

当時大学生の私の息子が夏休みで帰省してくると、さっそく一番人気になった。ニコニコ笑っている息子に、4人が子猫のようにふざけ合いからみあっていた。息子はクージャというニックネームをつけられた。初めは、マサクニという名前から付けられた愛称だと思っていたが、どうもそれだけでないことが後日分かった。子どもに人気のある、ゴミの中に住む想像上の座敷わらし的なものも意味していたのだ。後でベラルーシに行ったときに知るのだが、子どもたちの親は、「私が子どもたちに、クージャって言うだけで、思いだして泣くんです」と話していた。ありがたい話である。

数年後、ナージャとパベルは甲状腺を手術し、ターニャは胃の手術をすることになった。

悲しみと喜びがいっしょにいる

悲しみと喜びとは、反対側にあると思って生きてきた。でも、そうではなく、悲しみが喜びを教えてくれ、喜びが悲しみを教えてくれるのだ、と気づかされた。

1か月の保養が終わる2日前の夜だった。保養里親は一度だけのつもりだった私は、疲れていた。いや、妻はその何倍も疲れていただろう。でも妻はいつもどんなときも明るく笑っていた。いつも子どもたち全員を抱きしめていた。ときには男の子とプロレスごっこをしたりもしていた。壁に大きな模造紙を貼って、子どもたちが何を食べたか、何が好きかを、よく使うロシア語といっしょに書き込んでいた。その紙には4人の似顔絵を描いておいた。

最初は、だれがだれなのかも分からなかった。ナジェジュダ・シェフチェンコ、タチアナ・ピンチュク、パベル・トカチェンコ、ジェニス・マソノベッツ。6歳の子どもが親と離れて1か月、言葉も通じない見知らぬ国へ、よく来た、よく1か月過ごした。

ベラルーシには海がない。北と東はロシア、南はウクライナ、西はポーランドとリトアニア、北西はラトビアの各国に囲まれている。そして山もない。本州（約23万平方キロ）とほぼ同じくらいの面積（約21万平方キロ）を持つが、最高峰の標高はわずか345メートルだという。日本人にはちょっと想像できないほど、起伏の少ない広大な平地が広がっているのだ。

だから、子どもたちは海水浴と登山をひじょうに喜んだ。ロープウェイに乗り、大雪山（最高峰は標高2291メートル）に登ったときだった。ロープウェイ終点の標高1600メートルから黒岳の頂上めざして歩き出す。北海道は緯度が高いことから、この標高でも本州の3000メートル級の山と同じような植生といわれる。山には雪渓があり、登山道ではシマリスが出迎えてくれた。色とりどりの高山植物を見ながら、岩場を抜けると頂上だ。下界を見おろしたときの子どもたちの歓声が、耳に残っている。お昼には大きなおにぎりを2個ずつ食べた。

帰りの車の中で、助手席に乗ったナージャは、運転席の私の顔をのぞき込みながら、「スコーリカ、ヴァームリエット？」と何度も語りかけてきた。しかし悲しいかな、当時の私は「あなたは何歳ですか」と尋ねられているのも分からず、翌々日、ベラルーシから付き添ってきたオレーグ・バルシャイ氏が北海道の保養か所の見回りのために来訪してくれて、初めて意味が分かったのだった。

ベラルーシの人口は約1000万人、日本語を話せる人は4人しかいないとのことだが、オレーグさんは松尾芭蕉をはじめ日本文化にも造詣が深く、数か国語を話し、私の寺をベースにして、日本での転地保養に腐心しておられた。子どもたちは目を輝かせて、「大冒険旅行」の話を彼にしたそうだ。

思えば、言葉も習慣も食べ物も文化も、何もかも違う見知らぬ東洋の国へ来て、子どもたちよ、よくぞ羽ばたいた。山や海だけでなく、町内の子ども会へ、本堂でのお参りに、ときにはいっしょにお盆参りへ。学校訪問、魚菜市場へ、プールへ、病院へ。花火を、歌を。動物園やアスレチッククラブ、デパート。和太鼓をたたき、テレビに出演。たくさんの人との出会いと思い出に包まれて、北海道の短い夏が過ぎ去っていった。

さあ、あと2日で保養が終わるという日。安堵感と同時に疲労感がいっぱいだった。母親役の妻は、私の何倍も疲れていたはずだ。突然、声が出なくったときもあったほどだ。妻の母が京都から来て、ひと夏を過ごし、手伝ってくれていた。それに私の母と、ときどき来る私の妹と息子、まさに一家・一族が総出で、子どもたちと向き合っていた。

その日の夜、子どもたちの部屋の明かりは遅くまで消えなかった。もうすぐ帰国、家に帰って家族に会えると思うと、興奮して眠れないのだろう。早く寝るように言わなきゃと、子どもたちの部屋を開けた。2つの部屋の境の襖を開いて4人は布団の上に腹ばいになって頭を引っつけ合っていた。真ん中には、渡していた露日辞典が置かれ、その分厚い辞書をめくって何かを調べている様子だった。私は日露辞典、子どもたちは露日辞典で言葉の壁をなんとかクリアしていた。

「どれどれ、何を調べてるのかなぁ」、そう言いながら辞書を手に取ると、しおりが4か所はさまれているのに気がついた。そのページを開いた私は、その場に立ちつくした。辞書の言葉が、目に飛び込んできた。

「ありがとうございます。心から深く感謝いたします」

「親と同じように愛してくれました」

「私には夢がある」

「私の家に来て、泊まってほしい」

泣いた。涙がボロボロこぼれ落ちた。そうか、そんな気持ちでいてくれたんだ。難しい分厚い辞書をめくりながら、4人は必死になって自分たちの気持ちを伝えようとしていたのだ。4人の名前を呼びながら子どもたちと抱き合い、声を上げて泣いた。そして、

「会いに行く、絶対会いに行くから、お前たち生きるんだ。元気で生きているんだぞ」と、日本語で叫んでいた。

帰国の朝、おしゃまなナージャは、「バーブシカ、さよなら」と、孫ひ孫のように可愛がっていた私の母と泣いて抱き合っていた。男の子も、おいおい声を上げて泣いている。お世話になった人に見送られながら、子どもたちは1か月暮らした寺を後にした。

空港では、4人とも泣きじゃくり、しがみついて離れなかった。私をパパと呼び、妻をママと呼んでいる小さな子たちの背中を抱きかかえながら、私と妻は最後に一人ひとりをしっかり抱きしめて、「ジェニス、パベル、ナージャ、ターニャ」と名前を呼び、嗚咽している子たちに頬ずりをした。この日は雨が降っていた。見送り用のデッキに上がり、子どもたちから見えやすいように、差していた傘を外して大きく手を振った。

「さようなら。そして、ありがとう」

2章　チェルノブイリ被災地へ行く

初めてのベラルーシ

そう、最初の保養里親を終えたあの夏、子どもたちが帰った後、私は子どもたちが暮らした痕跡を見つけては、悲しさに胸がしめつけられた。黒板に描いた落書きも、画用紙の絵も、使った枕も、全部が大切で、そっとそのままにしておいた。自分がこんな気持ちになるとは、想像もしていなかった。まさに寂寥たる世界だった。まるで火の消えたような寂しさだ。

靴とリュックとジャージ。チェックのワイシャツと半ズボン、スカート。贈り物で身を包んでたくさんのプレゼントを持って帰った4人組。しかし、考えてみるまでもなく、たくさんの贈り物をもらったのは私たちの方だった。無形の贈り物を山ほどいただいていたのだ。

最初は、かわいそうな子どもたちを助けようと取り組んだ。しかし、それは違う、ということに、気づいた。私たちがしてあげているのではなく、子どもたちから無数の宝物をもらっていることに、目が覚めた。少しだけ、自分が優しくなれたように思えた。

助けるのではない。さらに大きな課題と目標を、ささやかながら持ち続けることを願って、NGO「日本ベラルーシ市民友好協会」を設立した。平和や人権問題での国際的な活動を行なう非政府組織、非営利の民間協力組織だ。妻と数人の人々とでの出発だったが、翌年の夏には1000名を超える「心の里親」が支えて下さることになる。

子どもたちを見送った帰り、ロシア語の本を4冊購入した。あの子たちが何を話していたのか、何を伝えたかったのか、知りたかった。私たちも話したいことが山ほどあった。毎日、ロシア語会話のテープを聞き、テープはすり切れてしまった。

年が明けて1994年4月、帰国のとき泣いて離れなかった子どもたちに会いたいと願い、ドイツ経由でベラルーシへ入国した。子どもたちはどうしているのだろう。どんな村で、どんな家に住み、どんな生活をしているのだろうか。親の職業と年齢は、少しは把握していたのだが、想像もつかない世界だ。

ベラルーシ共和国。面積は約21万平方キロ、本州とほぼ同じ広さで日本の約60％、人口は約1000万人。首都はミンスク。日本では長く「白ロシア」と呼ばれた地域で、第

ベラルーシ共和国地図
チェルノブイリ原発から北へ35キロ、ブラギンの南にフラコヴィッチ村がある
(『チェルノブイリ原発事故ベラルーシ政府報告書［最新版］』産学社、2013)

一次大戦中のドイツ占領後に独立国となったが、1922年にソビエト社会主義共和国連邦（ソ連）に加盟する。ソ連崩壊後の1990年7月に独立を宣言し、1991年8月に承認された。子どもたちを日本へ呼んだり、ベラルーシを初めて訪問したりした1993～94年頃は、ベラルーシにとってまさに歴史的激動の時代、考えられないほどのインフレで、国情が不安定なときだった。

ソビエト連邦時代からウクライナとともにソ連とは別枠で国連に加盟していた国だというが、日本ではソ連という大きな国しか意識していなかったので、ベラルーシだけでなくロシア以外のソ連邦内の国はほとんど知られていなかった。現在の地球儀や世界全図にも、中国の省やアメリカの州名は載っていない。浙江省やマサチューセッツ州といっても、その位置がすぐわかるだろうか。それと同じようなものだと想像してほしい。

国同士の交流のなさからくる、飛行機の便の悪さによるのだが、直線距離ではドイツやフランスよりも近いはずなのに、まさか3日もかかるとは。今もって、やはり遠い国だ。

このときは、日本にまだベラルーシ大使館がなかったので、ベラルーシのビザは首都ミンスクの空港で取得した。煩雑な手続きをふんで、空港到着から約2時間かかって、ようやく入国できた。がらーんとした、広いが暗くて寒々しい殺風景な空港だった。宿泊ホテルに着いて、玄関前で写真を撮っていると、突然兵隊がやって来て、「写真はダメだ」と言われる。理由は分からないが、政権が安定していないからだろう。

仕方なく部屋へ入る。部屋も殺風景だった。木のベッドに毛布、布が垂れ下がっただけのカーテン。ホテル内のどこへ行っても、照明が暗い。極度のインフレで、物資そのものがあまりないように思われた。

インフレ対策の一つとしてデノミを実施し、貨幣の価値は100分の1になったというのだが、新紙幣が流通していないのか、旧紙幣をゼロ2つ取ったものとして使わなければならなかった。それでもまだ足りないのか、食事をしたときに、ゴムバンドでしばった厚さ10センチ以上もある紙幣の塊で支払ったことを覚えている。

ミンスク市長から招待された夕食会、そして素晴らしいオペラ劇場での歌と踊りによる歓迎会。オーケストラ、民族音楽、バレエなど、耳目にふれるすべてが感動的だった。そうだ、この国は芸術の国なんだ。ロシア出身だとばかり思っていた画家シャガールがベラルーシの生まれだと分かったのは後日だが、なるほど、と感心することがいくつかあった。

たとえば、喫茶店に入って紅茶を飲んでいると、隣の部屋から素敵な音楽が聴こえてきた。当然レコードかテープだと思っていたが、音がリアルなのでのぞいてみると、何と弦楽四重奏の生演奏だった。頭を振りながらため息が出ていた。さほど立派ではない店で、客のいない部屋に、正装した4人の誇らしげな気高い演奏。何と素晴らしい不思議な国だろう。

と同時に、なぜなのかと首をかしげることもまた多かった。街の店にはネオンサインどころか、看板もない。道路の真ん中には、大きな穴があいたままになっている。エレベータは止まったまま動く気配がない、動かないエスカレータの階段、などなど。

4月26日、チェルノブイリ事故から8年目の日に、世界17か国の医療関係者・政治家・ジャーナリスト・宗教家が集い、「チェルノブイリの今後」をテーマにした国際会議が首都ミンスクで開催された。今回のベラルーシ訪問は、子どもたちに会いに行くことがメインだが、この会議に出席することも目的の一つだった。

著名なソプラノ歌手が灯火を手に、澄みきった歌声を響かせて厳かに入場し、会は始まった。保養元となった札幌や小樽などの各地の里親や事務局メンバーの数人もいっしょに参加したが、去年の夏に私の寺を拠点として活動していたオレーグさんが通訳として付き添ってくれた。僧侶の私は、カトリックや東方正教会の聖職者と交流を持たせていただいた。

被曝地の村へ向かう

4月にしては暖かい日だった。国際会議も終わり、首都ミンスクのオレーグさんのアパートにお邪魔した。子どもたちの村への電話は時々しか通じない。ミンスクの電話局から村の局へかけて、15分くらい待っていると、呼び出してつながるかもしれない、という程度の状況のようだ。昨日、やっと連絡がついたそうだ。

大きな地図を広げて、子どもたちの村へのルートを確認した。それは「汚染地図」だった。セシウムやストロンチウムなど放射能の分布、さらには数十年後の予測図などもあった。その地図は、黄・薄茶・茶・赤・濃い赤、などの数色に塗り分けられていた。色が濃くなるほど危険な地帯であることを示している。子どもたちの住むフラコヴィッチ村は、薄茶と茶色の境に位置していた。

村まで行ってくれる車と運転手を探したのだが、だれもあまり行きたがらない、という。チェルノブイリ事故から8年たっているが、人びとの意識はそのようなものだということだろう。

翌朝、オレーグさんの友人のウラジミールさんが車を出して行って下さることになった。道中にはガソリンスタンドがないか、あってもガソリンそのものがないかもしれない、と

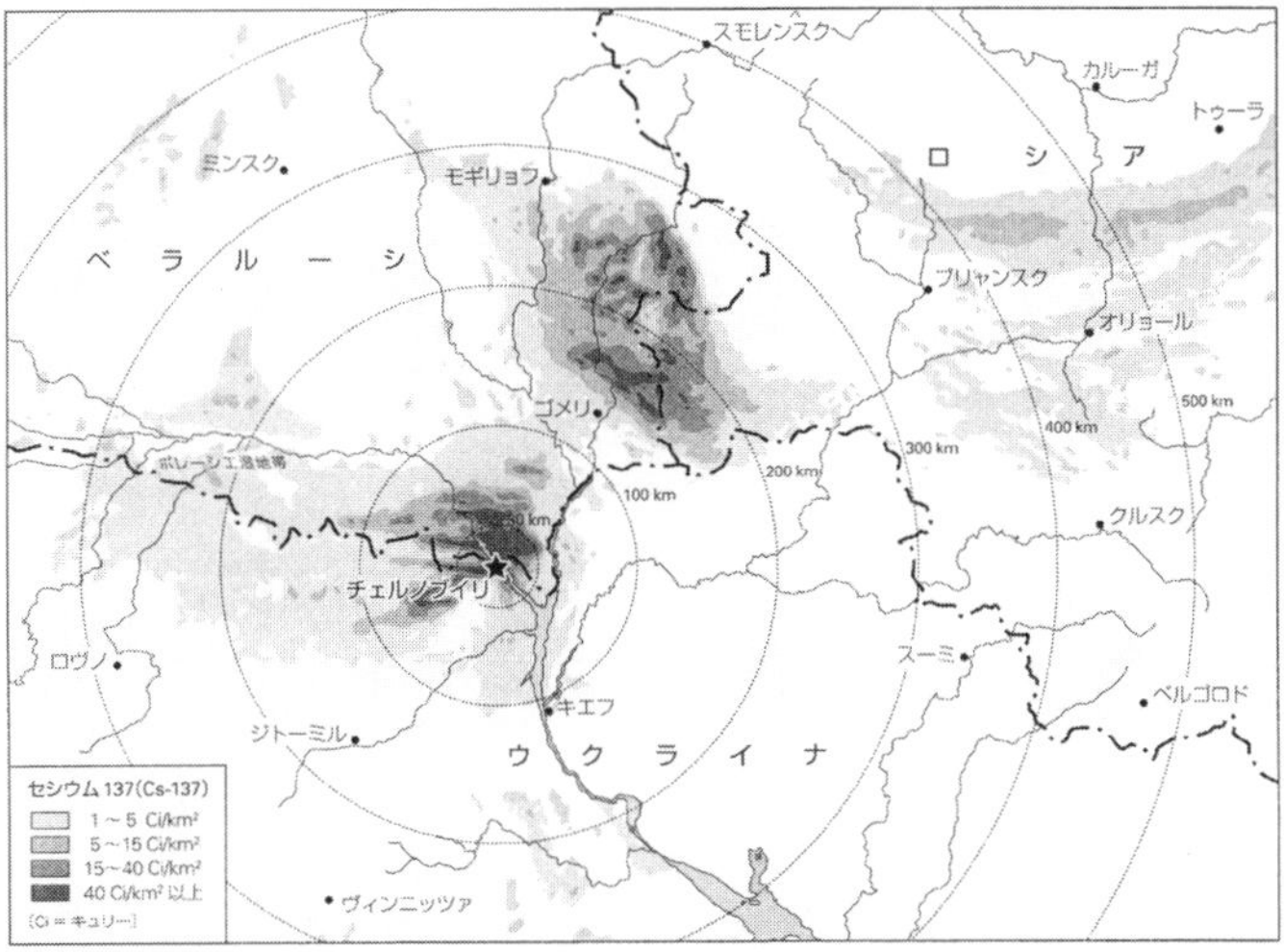

チェルノブイリ原発事故による放射能汚染地図
(『調査報告　チェルノブイリ被害の全貌』岩波書店、2013)

いうことで車の屋根にガソリン2缶を積んでの旅立ちだ。途中、その缶は2度、屋根からボンネットの上に落ちたのだった。

後部座席に私と妻が乗り、運転手・通訳と4人で、子どもたちの住むフラコヴィッチ村をめざして出発した。さぁ行こう。被曝地の村までは420キロだ。

首都のミンスクは、人口約170万人。ベラルーシの人口の約2割が住む大都市だ。20年前の街の第一印象をつづってみよう。

街には、看板やネオンはほとんど見られなかった。道路は広いが、車の数はそう多くはない。道路上の架線から電気を取り込んで動くトロリーバスが走っている。日本ではもうずいぶん前になくなっているが、ミンスクでは今も健在だ。

ふつうのバスも走っていて、朝の通勤・通学の時間帯だからだろう、どのバスも満員のようだった。人いきれのためか窓が曇っていて中はよく見えないが、たくさんの人を乗せて走り過ぎていった。

大きな公園があり、学校・劇場・病院・役所・駅など、いかにもヨーロッパ風の石造の大きな建物もそびえていた。やはり一国の首都である。

街角には「キオスク」と、キリル文字（正教会系のスラブ諸語で多く使われる文字。ロシア・アルファベット）で書かれた看板があり、小さな売店がいくつも目についた。ペルシャ語やトルコ語由来といわれる「キオスク」は、日本だけでなくヨーロッパ各国でも見られるが、ここでも使われている。長い黒いコートの女性や革ジャンを着た若者が、店の前に並んでいた。

ミンスクの都市中央部を抜けると、古い街並みがあった。木製の窓や窓枠に、装飾がなされていた。これがスラブ風装飾といわれるものなのだろう。写真を撮り続けた。

うねうねした道を通り抜けると、急に広々とした道になった。建物がなくなり、人けのない大地の中、真っすぐな簡易舗装の道路を車は走った。時おり、道端で、籠に木の実や果物を入れ、あるいは釣った魚を吊るして、売っている人が何人もいた。近くの農民たちが現金収入を得るためなのだろう。収穫物の流通もまだ未整備のように思った。

どこにも山が見えない。車の前も後ろも、左右にも、地平線が見渡せる。日本では広さを誇る北海道に住んでいるが、まったく問題にならない。所どころに沼地がある以外は、広大な畑だ。ベラルーシからウクライナにかけては、「黒土地帯」と地理の教科書にあったことを思い出した。小麦の大産地である。

行き交う車はトラックが多く、自家用車も含め古いソ連製のようだ。ときどきドイツの有名自動車メーカー製の車ともすれ違う。そして荷馬車を2度ほど見かけた。懐かしかった。私が子どもの頃には、ほんとうに身近なものだったのに、見かけなくなって久しい。

わりと大きな町を通り抜けると、道の左右は針葉樹の林になった。車はギシギシした感じで、スピードを上げて走っている。

出発してから3~4時間ほど走っただろうか、突然、ウラジミールさんが運転しながら、「もうこの辺は被曝地です」と言った。例の地図で黄色く塗られた地帯に入ったということだろう。気のせいか、緊張しているからか、身体が熱く感じられてくる。相変わらず広々とした大地を、車は南東に向かっていた。この地平線の先が、チェルノブイリなのか。

車は森に入り込んで停まった。森の中で切り株を見つけ、テーブル代わりにして昼食だ。

放射能地帯を示す標識

ドライブインなんかはもちろんない。オレーグさんの奥さんが用意してくれた黒パンとソーセージ、リンゴをかじってジュースを飲む。美味しかった。その国や民族にはそれぞれに伝統の味があり、その地域の気候と風土に育まれた食文化がある。

じつは、この年まで海外には行ったことがなかった。それが、3月に釈尊の国インドを旅し、そして4月にベラルーシ。今回のチケットを手配した東欧専門の旅行業者が、「先月インドへ行きました」と言っただけで、「それなら大丈夫でしょう」とばかりに安心したような態度を見せた。そのことの意味が分かったような気がした。ソ連崩壊で独立したばかりの国を旅するのは、なかなかにハードなものである。しかも残留放射能の残る森で、ピクニックさながらにランチをとることになったのだから、なおさらである。
「さあ、行きましょうか」。小用をすませた森をふり返った。静かな森の中には、放射能を表すマークの看板がいくつも立っていた。道路の反対側の向こうの森にも、不気味に立っている。静かな素敵な森なのに。「これで残留放射能さえなければ」と、ため息が出てしまう。

地図に黄色で塗られた放射能汚染地域にはもう入った。この先は茶色や赤色のゾーンが拡がっているのだ。フラコヴィッチ村はまだだろうか。さぁ、向かおう、そこには子どもたちが待っている。電話網がまだ完全でない村だけど、私たちが行くことは通じているはずだ。

車はブラーギン郡に入った。小さな村をいくつも通り抜けて行く。遠い、そして、なんて広いんだろう。

「30キロゾーン」の遮断機

高いポールが遠くから見えた。環状交差点だ。円周道路をぐるーっと左回りに回り込む。
朝から感じていたが、信号機が極端に少ない。道路が交差するところは日本のような十字路ではなくて、交差点の中心が円形の円周道路になっている。円形交差点ともいわれるもので、ここにも信号機はついていない。ベラルーシは右側通行なので、円周道路は左回り（反時計回り）の一方通行、ここを走っている車が優先となっている。

ラウンドアバウト方式といわれるもので、日本では駅前ロータリーなどでしかなじみがないが、慣れると便利なものだと思う。土地が広いからできるのだろうと思ったが、ヨーロッパではどこの国でもよく見かけるものらしい。エネルギーを永続的に使用する電気信号機を設置しなくてもよいので、エコロジー・環境面からも優れている方式だ。

前方右手に小屋が見えてきた。監視小屋のようだ。グレーの制服を着た兵隊らしき人たちが見える。数人が常駐しているのだろう。ここで道路は左に大きくカーブしている。車を止めて見てみると、小屋のそばから右の方に見える村へ行く道もあるのだが、それは大きな遮断機でふさがれていた。立て看板には、キリル文字ではなく「ＳＴＯＰ」とローマ字で書かれている。英語が通じない国なのだが、ヨーロッパの多くの非英語圏の国と同様に、外来語として定着しているようだ。

私たちは車から降りてみた。遮断機から左手にかけて、私たちが行くブラーギン町への道路の右側沿いには有刺鉄線が張り巡らされている。ここが被曝地ブラーギン郡の「30キロゾーン」の入口、チェルノブイリ原発から半径30キロ内は立入禁止区域となっているの

「30キロゾーン」入口の遮断機

だ。ブラーギン町を通ってフラコヴィッチ村へ行く道路は、「30キロゾーン」に沿って続いている。

遮断機でさえぎられ、監視小屋で見張られている立入禁止の道路は、ほかの村や町へ行く昔からの道なのだろう。遮断機越しに家並みが見える。真っ赤な「ＳＴＯＰ」の看板越しに、誰もいない村がそこにあった。

午後の陽光が、やけに眩しく感じられる。ビデオを回し、写真を撮っていると、兵隊が来て、立ち去るように言われた。フイルムを抜き取られたり感光されたりしても困るので、そそくさと車に戻り、その場を去った。

この「30キロゾーン」に沿った道を通らずに、子どもたちの村には行けない。ここには、その後16回も訪れることになる。その間、監視小屋の屋根のペンキが塗りかえられたり、小屋が倍ほどの大きさに建て替えられたりしたのを見ることとなった。

最近の一番大きな変化は、10年ほど前に鉄条網が外されたことだ。立入禁止区域の規定が緩くなったということなのだろう。さらにその後、通行止めの道路とは別に、斜めに「旧30キロゾーン」の中を横断する道路ができた。フラコヴィッチ村からブラーギン町を通らずに、首都ミンスクの方へ行くことができるのだという。母親たちはこの近道には反対だ。本来立入禁止の場所なのに、政府の安全無視のやり方に憤慨している人は多い。

悲しいかな、見えなく聞こえず臭いがない放射能だから、ある意味、されるがままとなる。「何でもない」と為政者は言い、庶民はよく分からずに、ただ「便利だから」と従う構図は、洋の東西を問わず同じなのだろうか。

ちなみに、放射能の危険を認識して、不安を口に出す人の多くは、母親たちだ。それもまた日本と同じだろう。「いのち」に敏感といえるのか、あるいは男はおのれの価値観のみを盲信して生きているということなのだろうか。いつの時代も戦争を起こしているのは男であることと、無関係ではないように思える。

現在、この30キロゾーンに隣接した場所に、とてつもなく高い鉄塔が立っている。そこに上がって双眼鏡でチェルノブイリ原子力発電所を四六時中監視する仕事をしているのが、イーゴリとジーマ兄弟だと知ったのは福島の事故の後だ。彼らは、村へ行くたびに宿泊しお世話になっている、「おひさま幼稚園」のヴァレンチーナ園長さんの息子たち。末弟のジェニヤを含め、日本に保養に来ているから、みんな我が子だ。

さて、何時ころだろう。日本との時差もあるし、ベラルーシはサマータイムを採用していることもあって、胎内時計があてにならない。オレーグさんが、もうすぐ3時だという。ここに来るまで地図を見ながら道を尋ねたりしてきたが、ようやく近くまで来た。めざす子どもたちのフラコヴィッチ村までは、あと20キロほどだそうだ。

地図から消えた村

遮断機と監視小屋のあった地点から、ブラーギン町はすぐだった。ゴメリ州にあるブラーギン郡の中心地で、わりと古い歴史をもっている町だという。家々の周りを囲む木製の塀には彩色が施されている。窓枠にもスラブ風の文様が彫られているように見えた。色が塗られているのもあるが、そうでないものは古い芸術的な香りがする。ここはスラブ文化圏の地域なのだ。

しかし、町が知られている大きな理由は、「被曝」ということだ。チェルノブイリ原発事故での最大の被災地は、事故当日の風向きの関係で、チェルノブイリ原発のあるウクライナ共和国ではなく、その北隣の国ベラルーシ共和国だった。なかでもウクライナと国境を接するゴメリ州が、子どもたちの住むフラコヴィッチ村のあるブラーギン郡を中心に、大きな深い傷を負うこととなった。

ブラーギン町の入口には陸上競技場があった。結構大きく、簡素ではあるが観客席もあったので、多目的なスタジアムなのだろう。それを過ぎると白い建物があった。病院だった。それなりの大きな病院で、フラコヴィッチ村の人たちもここを利用していた。後日、何度か見舞いに訪れて院長と面談したり、医療品の寄付をしたりして、会食にも招待されることになる。

家の数が増え、市街地に入ってきた。この町の人口はいったいどれくらいなのだろうか。確か、チェルノブイリ原発事故以降は4分の1になったという。正面には役所らしい二階建ての大きな建物があった。がらーんとした町だが、よく見ると小さな美術館や東方正教会の教会があり、スーパーマーケットも1軒ある。

町の中心部には広場があった。小さめのバスが停まっていたが、目立っていたのはレーニンの立像だった。カール・マルクスとともに共産主義の理論的主柱となり、ロシア革命を主導したソビエト連邦の初代指導者だが、ソ連各地に置かれていた「偉人」の像は、ソ連崩壊後にほとんど破壊されて撤去されたと聞いていた。しかし驚くことに、この町ではまだ健在だったのだ。

レーニン像の横には、第二次大戦中にナチスドイツと戦った戦車も遺されていた。１９３９年９月にドイツ軍とソ連軍が東西から相次いでポーランドに侵攻したことで、第二次世界大戦が始まったとされるが、ベラルーシの人々もソ連軍の一員としてこの戦争に参加していたのだ。

広場に荷馬車が入ってきたので、急いでシャッターを押した。私たち世代には懐かしいものだが、北海道でも見かけなくなって何十年もたつ。

そして驚いたのは、その場には似つかわしくない大きな「電光掲示板」が黒々とそびえていたことだ。レーニン像と荷馬車と電光掲示板。この奇妙な取り合わせに、唖然としていた。

この電光掲示板はいったい何なんだろう。数字が３段に表示されている。上の段の数字は時刻、次の段は温度を表しているようだ。そして下の段の数字は、同行の人たちに尋ねて初めて分かった。放射能の数値なのだという。これが残留放射能の中で生きていく現実なのだ。

ブラーギン町広場のモニュメント

その放射能の数値は、刻々と変化していた。風向きだ。南のチェルノブイリ原発の方向から風が吹いてくると、たちまち数値は上がる。しかし、その数字の変化をどう捉えるか。数値はあくまでも数字でしかない。しかしその数字が意味することを想像できる感性をもっているか、自分に置き換える感性を、哲学を持っているか。1万年後とは言わないが、100年後を、少なくとも10年後を自らに問いただささない限り、人類の未来はないだろう。

また、広場には多くの花束が捧げられている銅像があった。そしてその銅像の後ろ側には、数多くのモニュメントらしいアーチ状のものが累々と立ち並んでいて、それぞれに文字や数字が赤く彫り込まれている。

これはいったい何なのだろう。

それは、チェルノブイリ原発事故によって立ち入りが禁止され、地図から消された村や町の記念碑なのだという。モニュメント一つひとつに数多くの村や町の名と、そこに暮らしていた家の戸数が記されているのだと、聞かされた。モニュメントの数は10以上は確実にある。

まるでお墓のようだった。胸が苦しい。ブラーギン郡の中のいくつもの町や村が、原発事故によって破壊され壊滅していったのだ。自分が生まれ育った故郷が消えてしまう。こんな辛く悲しいことがあるだろうか。それは、あたかも自分の五体が引きちぎられるに等しい、呻吟の極みであろう。そうした文字にも言葉にもできない苦しみと悲しみを、いま福島の人々が味わっているのだ。

そして同時に思う。福島原発事故の25年前に同じ地球の上で起きていたことを、どう思い、どう考えるか。涙を流しながら、「お願いですから、この地球から原発をなくしてください」という子どもたちの願いを聞く耳を、私は持っていたのだろうか。

たくさんの花が捧げられていた銅像は、チェルノブイリ原発事故後の活動で被曝し亡くなった消防士を悼むものだった。私は、その前で合掌した。その後、村を訪れるたびにこの場所に来て、追悼の心で頭を下げていたが、ある日、村の母親たちと訪れたときのこと、

「ここは特別な場ではない。原発事故で亡くなったのはこの人だけではない。事故は過去のことではない。今も亡くなっている人がいる」と母親たちは言った。

そうだ、過去形で語ってはならない。チェルノブイリ原発事故は現在進行形であり、未来形でもあることを忘れてはならない。フクシマもまた同じなのだ。

後日、最初に来たときから10数年後のことだが、この広場にこの国のルカシェンコ大統領がヘリコプターで降り立ち、しゃがれ声で演説をしたときに居合わせたことがある。ヨーロッパ最後の独裁者とも言われ、都市部では人気がないが、農村出身ということもあるからか、それ以外の理由もあるのだろうが、彼の権力は続いている。

その日（2006年4月26日）私は、フラコヴィッチ村を代表して参加する12人に入れてもらって、その場にいた。チェルノブイリ事故後20年の記念式典、ということで各国のジャーナリストが広場に来ており、日本からも1社来ていたとのことだが、まさか村人に混じって日本人がその場にいるとは思わなかっただろう。

大統領が来るということで、警備はひじょうに厳しかった。この国では国家警察と国軍が同じ内務省の管轄ということから、警官と兵隊の違いが分かりにくい。この日は兵隊が警備の役割を担っているように見えた。たくさんの兵隊がブラーギンの広場に集結していた。兵隊に囲まれると、なんとなく恐ろしい気持ちになった。

しかし、「安全だ、安全だ」と、長年にわたって政・財・官・学が声をそろえて国策の名の下に国民をだまし続け、あれだけの被害を出し続けている原発を再稼働させようとし、あげくに外国へ輸出しようとまでしている私たちの国の恐ろしさは、さらにその上を行く。固体と気体と液体とで放射能を垂れ流し、被害者だけでなく加害者であることの自覚もない国。空も海も山も川も田や畑も、無数の放射能で蝕まれていく。もちろん福島原発の事故は、収束なんかしていない。

子どもたちの住む村

「ナガエさん、あそこじゃないですか」

オレーグさんの言葉が終わるか終わらないうちに、私はドアのノブに手をかけていた。

「あっ、あそこだ、みんないる」

このあたりから記憶が飛んでいる。ブラーギンの町から南へおよそ20キロ、フラコヴィッチ村に入り、道行く人たちに何度か尋ねて、最後に、荷馬車に乗った男性に、しっかり者のナージャの住むシェフチェンコ家を尋ねたが、周りの景色は覚えていない。突然、ナージャの家にたどり着いたような気がした。

フラコヴィッチ村は遠かった、というよりも、こんな遠いところから子どもたちはよく来たなぁ、という想いがいっぱいで、胸が熱くなった。家の前の道路に十数人の人だかりができていた。

車が停止するのも待ちきれずに、ドアを開けて降りたことを覚えている。ようやく子どもたちの村へたどり着いた。学校を休んで、朝からナージャの家の前で、4家族が私たちを待っていてくれたのだ。

涙でぐしゃぐしゃになりながら、「ナージャ、ターニャ、ジェニス、パベル」、4人のこどもたちの名前を呼びながら抱き合ったこと。大柄な親に抱きすくめられ、もみくちゃにされたこと。家に入って4人の家族の紹介があり、日本から持ってきたおみやげを渡したこと。それらを夢のように断片的に覚えている。

表の通りで、泣いて抱き合った私たちは、ナージャの父親に抱きかかえられるようにして家に入った。次々に家族が紹介された。ナージャの両親と祖母、ジェニスの両親、パベルの両親と姉ナターシャ、ターニャの母と弟と妹……。ターニャの父親だけがいなかった。

「ターニャ、パパは?」

コルホーズでトラクターの運転手をしており、確か42歳のはずだ。金髪でおかっぱ頭のターニャは、手に4枚の写真を握りしめていた。私に差し出された、そのモノクロ写真には、お棺に入っている父親が写っていた。チェルノブイリ事故から8年目、放射能の後遺症に悩まされていた彼は、この年の新年早々、1月2日に亡くなったという。

言葉が出てこない。喜びのすぐ隣に悲しみがある。妻は彼女の名を呼び、ひたすら抱きしめていた。私も首を横に振りながら、「ターニャ、俺……パパだよ」。

7歳になった、やせた金髪の少女は、静かに微笑んでいるように見えた。大柄な母親のまわりを、幼い妹と弟と3人がまとわりついていた。

みんなが集まっているナージャの家は、広かった。居間には大きなテーブルがあり、10人くらいが木のいすに座って集まった。古いが重厚な家具調度品があり、かつて豊かであったことを感じさせる。白黒のテレビとラジオもあった。

ナージャの父親アナトリーは、フラコヴィッチ村が所属する「チャパエバ」コルホーズの副コルホーズ長で、リーダー格。陽気な人柄で、巨体をゆすって大きな声で笑う。ウォッカはストレートで、がぶ飲みに近い。あの強いウォッカをだ。もちろん女性たちも飲む。

ナージャの母親が立ち上がった。子どもたちがお世話になったこと、日本での出来事を毎日毎日話してくれていたこと、200枚ものカラー写真をアルバムにして記念にいただいたのを、家族で毎晩見ていたこと、などが語られ、乾杯。

この国は女性が積極的というか、いやみんな懸命に働き、たくましい。

パベルの母ラリーサさんは、学校教師。この後、ずっと現地事務局のような立場で協力していただくことになる。ジェニスの母は、保健婦さん。ターニャの母はナージャの母といっしょに、コルホーズの経理も担当している。

「遠く日本から来られたお客さまのために、乾杯」

「世界の平和を願い、乾杯」

男性も負けじと、「女性のために、乾杯」。

乾杯の言葉に驚き、感激した。スピーチして乾杯、またスピーチしては乾杯、これを幾度もくり返す。

テーブルの上は、ごちそうの山だ。じゃがいも料理、ソーセージ、ハム、ロールキャベツ、鶏肉、酢漬けの魚。ナージャの祖父母もやってきた。

アナトリーは大きな声で歌い出した。私たちが知っていると思ってか、「カチューシャ」を歌い、次のテンポの早い曲は、フォークとスプーンで、お皿をたたきながらの熱演だ。日本の歌を、と言われ「さくらさくら」を歌う。

気がつくと、子どもたちがいない。そうか、お客を接待する場には出させないのだ。子どもたちは、ニコニコしながら台所の隅の床にマットを敷いて、ごちそうを食べていた。

子どもたちだけで歓迎会のごちそうをいただく

大人と子供の居場所は違うのだ。私が子どもの頃の日本もそうだった。

ベラルーシの村では、何度も考えさせられる場面に出会った。日本は、本当の意味で子どもたちを愛していると言えるのだろうか。愛玩ペットのように溺愛し、甘やかしているだけではないだろうか。ベラルーシの子どもたちが来日すると、きまって「可愛い」とみんなに言われる。何度目かの保養のときに付き添ってきた教師から、どういう意味かと問われたので、その意味を伝えると、「可愛い、と言わないでください。子どもたちは未熟です。いい気になっては困ります。立派な大人にならなければなりません」と、言われたことを覚えている。

おもてなしの心

たくさんのごちそうをいただいているので、そうか、生活はそんなに苦しくないんだ、とそのときは思った。しかし、それは誤解だった。自分たちが明日食べるものがなくても、遠方からのお客さんには精一杯もてなすのが村の人たちの心だと知った。50年以上前の日本各地の農村でも同様のことが行われていたように思う。

興奮の宴の最後は、手作りの甘いケーキと紅茶だ。その後、幾度もいただいたのだが、どこの家のケーキもとても甘い、それが特徴だ。それぞれがオリジナルなので、味は微妙に違うが、砂糖は貴重なので、甘いものを出すのが客人への礼儀なのかも知れない。出来上がりを待つ子どもたちが、暖炉式ペチカの傍で目を輝かせている。

宴は終わって就寝の時間となったが、家にお風呂はないので、明日18キロ離れたブラーギンの公衆浴場サウナへ行くことにして、ベッドに入る。村人の多くは、たらいにお湯を入れて行水のように体を洗うのだという。

夜中、家の外にあるトイレに行くときだった。台所を通ったら、テーブルの上に何か大きな塊が置いてあった。傍に近づいて、びっくりした。それは、豚の頭というより顔だった。実際、驚きを通り越した。ぎょっとして思わず声が出そうだった。こんな経験は初めてだったが、多くの家では、豚と牛と鶏を飼っている。七面鳥を飼う家庭もある。それぞれに名前がついている。豚も牛も大切な家族だ。そして冠婚葬祭などの大事なときに、捧げるのだ。感謝しなければなるまい。

文化が違うということはたいへんなことだ。日本では人を手招きするとき、おいでおいでと手の甲を上にして5本の指を体の手前に引く。同じ形で似た動作だが、指を引かずに押し出すと、西洋では向こうへ行けという所作になるので、誤解を招くことになる。人を呼ぶときは、手のひらを上にして手前に引かなければならない。

翌朝、ぐっすり休ませていただいたが、もうすでに家族は早くから起きていた。昨夜は遅くまでウォッカを飲んでいたのに、早朝5時から牛の搾乳、豚の世話や畑仕事。私は牛舎と豚小屋など家畜を見に行った。搾乳も少しだけやってみたが、難しい。牛にも、違う人の手だということがわかるのだろう。

子どもたちも、家畜の世話・飼料つくり・まき割り・石炭運び・掃除、など各自の役割があり、朝から大人と同じ仕事をしている。そうして仕事を覚えるのだろう。それは親に言われて、いやいやながらしているのではない。数日間いっしょに暮らすとそれが分かる。子どもたちは、自分が少しでも手伝わなければ、親が倒れることを知っている。それぐらい働きづめの毎日だ。だからこそ、お客さんが来たり、たまの休みの日は、とてつもなく嬉しい。そして、仲良しが集まって食事会だ。

そんな中で子どもたちは、しっかり学校の勉強もしている。この日も隣の部屋から声が聞こえた。教科書を読んでいたのだ。私の中にあった、「日本はもっと進んでいる。子どもたちにも日本のほうがよいのだろう」などというナショナリズムは崩れ去った。子どもたちは、毎日家の仕事をして働いて、なおかつ勉強もしている。過酷な条件下でも、笑顔で生きている。

村の暮らしぶり

崩壊したソビエト連邦の中で、集団農場コルホーズが存続しているのは、ここベラルーシ共和国くらいではないだろうか。国営農場ソフホーズとならぶ共産主義国家ソ連式の大農場経営だが、コルホーズは協同組合形式で、農民は労働に応じて報酬を受け取る仕組みになっている。

フラコヴィッチ村は、「チャパエバ」コルホーズという大きな集団農場の中にある。牛も豚も3000頭くらいいるということだ。ここのコルホーズは直径およそ50キロくらいの広さを持ち、中にレニースキー村、サビチ村など7つの村が点在している。つまり、村

フラコヴィッチ村のコルホーズ農場

よりもコルホーズのほうが大きいのだ。当然、村長よりもコルホーズ長のほうが地位が高いことになる。

コルホーズ長は歓迎会にも顔を出していたアダム氏で、ラリーサ先生の従兄弟だ。フラコヴィッチ村在住で、村に数台しかない自家用車とジープを所有している。そして何とピストルと鉄砲も所持しており、びっくり。猟に行かないかと誘われた。

「チャパエバ」コルホーズの中心がフラコヴィッチ村で、人口はおよそ700人強。学校と幼稚園、コルホーズ事務所、村役場、女性局長だけの郵便局、医療設備がほとんどない診療所、普段は無人の教会、それと日用品を少し置いてある小さな店が1軒ある。

学校は2階建てで、チェルノブイリ事故の後に今の場所に建て直されたとのことだ。ほかに体育館と講堂がある。小学1年生から高校2年生までが在籍していて、各学年7～8人、多くても10人ほどのクラスだ。よく動いている、と感心するくらいの古い古いスクールバスが、7つの村をまわって子どもたちを学校へ連れてくる。運転しているサーシャさんは、何でもこなす人だった。私たちも、奥さんのアンナさんと一家そろってお世話になった。

幼稚園は学校から少し離れたところにあり、平屋建てで小さな「おひさま幼稚園」だ。園長のアンナさんのほかに3人の先生と給食関係の人が働いており、明るく優しい雰囲気いっぱいだった。

ただ、どちらの建物も原発事故の後に急ごしらえで建てられたからか、いいかげんな造りに見えた。このときは4月なので感じなかったが、数年後の真冬に10日間滞在したときには、外は氷点下10度以下、暖房設備はお粗末で、教室の気温はたったのプラス6度だった。教師は長いオーバーを着たまま授業をしていた。

学校に教員室というのはなく、先生の机はそれぞれの担当教室にあるだけだった。つまりいつも生徒といっしょにいることになる。そのことに新鮮な驚きと学びを感じた。ヤラセヴィッチ校長をはじめ十数人の先生方と、広い応接室で懇談した。接客の場というより、先生同士が語り合い、紅茶やときにはウォッカを飲みながら談笑する場のように感じられ、これにもまた素晴らしさを感じた。

生徒たちは先生をひじょうに尊敬していた。と同時に親密で、先生も生徒をわが子のように接し、抱きしめている姿に、目からうろこが落ちた。そして、先生たちと話をしていて分かったのだが、学校は極度のモノ不足だった。まず、勉強に大切な紙がなかった。チョークもあまりない。黒板は塗料が剝げて、書いてある字が見づらかった。校内放送の設備どころか、電話もない。前年に日本での最初の保養をした関東からの情報で、子どもたちに歯ブラシがないのではないか、ということで今回は、生徒全員に歯ブラシを贈呈する。

2度目に村を訪れたときは、キーボード・ハーモニカ・笛・タンバリン・カスタネットなどの楽器を日本から持参した。また、子どもたち全員にいすカバー座布団をミンスクで調達し、ノート・色チョーク・画用紙などの紙類・医薬品なども持って行った。

その後も、ラリーサさん、アンナさん、新たに幼稚園長となったワーリャさんと相談しながら、現地支援をしていくことになる。この3人がNGO「日本ベラルーシ市民友好協会」の現地事務局だ。電話機・ファックス・マイク・アンプ・スピーカー・ビタミン剤・浄水器・包帯・使い捨て注射器・ガーゼ、村の全戸へ体温計。大はパソコンから、小は鉛筆まで支援を続けてきた。もちろん幼稚園舎の修理や学校トイレの設備工事など、教育委

学校の教室

イコンが飾られている、教会の内部

員会の予算がまったくない状況が判明した時点で優先順位をつけ、支援していった。為替レートのトリックでもあるのだが、教師の給料が約4000円という物価状況だったから、支援しがいがあった。村の学校や幼稚園以外に、町の病院や教会や美術館へも、順次その輪を広げてゆくことになった。

村の診療所の設備は粗末なもので、医師はおらず、保健婦と助手が1人。病院は、郡の中心ブラーギン町に行かなければならなかった。ここにはその後、ガーゼ・包帯・体温計・ビタミン剤・使い捨て注射器など、必要と思われるものを寄付した。

教会は、東方正教系のベラルーシ正教のはずだが、ソ連時代の宗教弾圧の影響はまだ残っていて、国全体に聖職者の数は圧倒的に少なく、村の教会に司祭はいなかった。無人の建物を近くの老婦人が管理していて、寄付をさせてもらうと、泣いて喜んでくれた。また各家庭では、居間と寝室にレースのカーテンをかけてイコン（キリスト教の聖画）がまつられていた。

ブラーギン町の美術館には（今回は行かなかったが）、地元の人が描いた原発事故のときや、その後の悲しみを描いた絵が何枚もあり、心を打たれた。

3章　ベラルーシで日本を想う

コウノトリが舞う川辺で

初めてのベラルーシ、何もかもが初体験。子どもたちの国ベラルーシと、チェルノブイリ原発のあるウクライナとは隣同士だ。チェルノブイリはフラコヴィッチ村の南に位置するが、村から東に行くと大河ドニエプル川が流れていて、この川もベラルーシとウクライナの国境になっている。大きな川だ。川幅がどれくらいあるか分からないほどだが、その周辺は牧草地でもあり、馬が放牧されていた。残留放射能があるはずの草原だ。

フラコヴィッチ村の先生やお母さんたちに、「野菜などは、よく煮沸するように、きのこはなるべく食べないように、帰宅後はシャワーを浴びるように」などと話したことがある。母親たちは泣いた。「私たちは、何を食べればいいのでしょう」と、幼稚園長のワーリャさんは涙ぐんだ。シャワーも充分でない自給自足に近い暮らしの中で、大好物のきのこを食べるなと言ってしまって、気がついた。私は、どこに立っているんだろう。科学者か、評論家か。いや、私は親なのだ。それを忘れてはなるまい。

静かに時が過ぎてゆく。川辺は村の人にとって気持ちのなごむ憩いの場なのだろう。大人たちは河原で焚き火をし、乾燥塩漬けにされた豚肉を焼きながら、ウォッカを飲んでいた。子どもたちは、日本から来た私たちといっしょに来れたことが嬉しくて、河原を走り回っている。そんな大喜びをする子どもたちの頭上を、大きな鳥が舞った。みんなが叫んだ。「アイストゥ」。

体長1メートルはあるコウノトリだった。日本では特別天然記念物に指定されていたが、残念なことに今は絶滅してしまい、兵庫県豊岡市で人口繁殖が試みられている。高い木の頂部にあるこんもりした巣から飛び立つ姿は、脚が長くくちばしも大きく、初めて見たその姿は丹頂鶴に似ていた。大人も子どもたちも、指を差して見上げながら追いかけている。

次の年に行ったときには、ナージャの父アナトリーが友人の船長に頼んでウクライナから大きな船を呼び寄せてくれた。ドニエプル川に巨大な船が来たことで、みんな興奮しながら船上の人となった。「これで放射能がなければ」と、何度そう思ったか分からない。

この日はいいお天気だったことを覚えている。あまり飲めない私はウォッカに少し酔い、草むらに寝ころんでいた。子どもたちの笑い声を聞きながら、空に浮かぶ雲を見ていた。

みんな同じ空の下で生きている。ここはベラルーシ、残留放射能でいっぱいだけど、みんな心を一つに生きている。あぁ、こんなにゆっくり雲を見つめているのは、いつ以来だろう。子どものときしか記憶にはない。

「より強く・より速く」呪縛からの解放

21世紀を迎えたときに、先の20世紀という百年をふり返って、漢字一文字で表すと何だろう、という企画があった。確か、「戦」と「忙」であった。世界中、いたるところで戦争が起きて、常に弱者の命と尊厳が踏みにじられていった。お互いに正義を振りかざしているから、始末に負えない。偽悪より偽善の方が、闇は深い。

忙という文字は、左はりっしんべんで心を意味し、右は亡、つまり心が亡くなっていることを表した表意文字だという。そう教えられて、思った。自分自身の生き方が、心を亡くしているのではないか、と。なぜなら、忙しいとき、時間がないと、それまでの自分とはうって変わり、焦りいら立ち腹立つ自分を知っている。

ドイツで、私にはおよそ縁遠い高級ホテルに行ったときだった。紅茶を飲みに立ち寄ったのだが、喫茶店にはエレベーターで行かなければならなかった。だが、エレベーターはなかなかやってこない。ややしばらくしてドアが開き、大きく左右に揺れながら乗りこんで、「閉」ボタンを押そうとしたが、見当たらない。このエレベーターに、「閉」ボタンは付いていなかった。本来、「開」は必要だが、「閉」はなくてもいいはずだ。行き先階の数字を押したら、ほんの3秒くらいで扉は閉まって動き出すのだから。でも、その3秒が待てないのが私たち日本人ではないだろうか。日本に帰って、エレベーターのボタンを見ると、閉ボタンがいちばん剝げている。ちなみに閉ボタンを最初に取り付けたのは、日本製だという。

日本人は、いまだ「富国強兵、殖産興業」の明治期からの束縛から逃れ得ないのだろうか。富国強兵は「より強く」を、そして殖産興業は「より速く」を内包し志向している。この価値観は現在も、家庭や学校や社会によって要求され続けている。つまり、「がんばれ」と、「早くしなさい」だ。家庭では親が、学校では教師が、そして社会全体が、その言葉を無意識に声高に連呼してきたとは言えないか。

「より強く」は石の武器から始まり、いまや全人類を幾度も絶滅させることのできるほど大量の核兵器を持ってしまった。広島と長崎で原爆が投下され、30万人以上ともいわれる人たちが一瞬にして亡くなった、悲惨な地獄絵図を想起できる感性を失ってしまったのだろうか。

「より速く」は、さらなる効率と合理化を求め、機械化と電化による科学万能主義と経済至上主義の道を歩ませ、非人間化の歴史をたどる要因となったと言えるだろう。

換言すれば、より強くは「原爆」を生み、より速くは「原発」を生み出していったのだ。まさに、この二つは生まれをいっしょにする、一卵性双生児と言えるだろう。

さて、私の中に「がんばれ、早くしなさい」はないだろうか。エレベーターに乗るたび、閉ボタンに手が伸びる自分を感じる。もし押さなければ何かを発見できるだろう。

速さが増すにしたがって欠落するものがある。さらなる速さを求めてきた近代社会が、その代償として失ったものと心は、果てしない。時速4キロで歩く人間は、やがて時速16キロの自転車、時速60キロの自動車、さらに新幹線や飛行機を発明し、つくり続けてきた。そのことで、いったい何が見えて、何が見えなくなったのだろうか。

速さが増すと、他のいのちが見えなくなるように思う。大地に生きる小さな虫たち、道ばたでひっそり咲く草花、頬をなでる風、そんな自然が見えなくなる。というより、それらに気づく感性が失われていくのだ。

かつてカーレーサーの友人に、時速200キロを超える車からは何が見えるのかを、聞いたことがある。彼は、こんなことを語った。

「周りの木立の緑、観客席の茶色、観客の赤いセーター、それらのいろいろな色があるんだが、スピードが上がるにつれ、観客席も木立ちも人も、徐々にその形が流れていく。そして、赤も緑も茶色もあったはずなのに、最後には不思議なことに色がなくなるんだ」

私はそのとき、小学生のときの理科の授業を思い出していた。画用紙に円を書いて切り抜き、3分割して赤・青・黄色の3原色で塗りつぶす。先端に針を付けた箸を円の中心点に突き刺して、箸を両手で合掌のようにして挟み、竹とんぼの要領でブルブルと回す。最初は赤・青・黄色が見えているが、スピードが上がるにつれて明るい色が消えていき、最後は灰色になってしまう。いわば、色がなくなってしまうのだ。

回転させると、赤・青・黄の鮮やかな色は、やがて灰色になってしまう

「青色青光、黄色黄光、赤色赤光、白色白光」（阿弥陀経）、それぞれが違う色と光を放ち、それぞれに光り輝き尊い、と2500年前から仏教は語り、アジアの民はそうして生きてきた。しかし速さはそれを見えなくしてしまう。それが速さ志向のもつ本質的な恐ろしさだ、と思う。

「みんなちがって、みんないい」（金子

みすゞ「わたしと小鳥と鈴と」）という心を否定していく。本来は、「速くなくていい、強くなくていいんだ」という価値観を、心の根っ子に持って、歩んできたはずだと思うのだが。

私たちは、深層心理のひだの中に、知らず知らずのうちに、「より強く、より速く」を、錦の御旗にして掲げているのではないだろうか。それは捨てなければならない。仏法は、徹底的に弱者を視座とする。そして平和と平等と自由を希求していく。核兵器と原発は、「反いのち」なのだ。それを忘れてはならないと思う。

ゆっくりと時が過ぎてゆく。こんな時間の過ごし方があるんだ。ドニエプル川の草原で、コウノトリに出会い、追いかけ、草の上に寝ころびながら、真っ青な空に浮かぶ雲を見ている。なぜか涙がひとしずく頬を伝わっている。

ベラルーシの村では、鶏の鳴き声で目を覚ます。玄関先では犬が吠えている。牛舎で見よう見まねで乳搾りをした後、豚の赤ちゃんを見に行く。放し飼いの鶏は羽をばたつかせて宙を飛ぶ。時が過ぎゆく。一日がとても長く感じる。

そうだ、私は自分が忘れ現代が忘れている何かに出会うために、ここへ来ているのかもしれない。大地の子守歌を聴くために。

ベラルーシと日本は兄弟

時間が、ゆっくり過ぎている。初めてフラコヴィッチ村に来て2日目、学校と幼稚園を訪問したこの日は、少々疲れが出た。時差のせいなのか、少し眠い。今回は先生方との茶話会のみだったが、次回以降は学校あげての歓迎会となるのだった。

夕方、泊めてもらっているナージャの父アナトリーらと、町へ出かけた。お目当ては、バーニャと呼ばれる公衆サウナだ。ブラーギン町まで18キロ。前日に村に来たときと逆コースなので、同じ道を通っているのだが、違った印象を受ける。

バーニャには、20人くらいいただろうか、結構たくさんの人が来ていた。焼けた石に水をかけると、部屋中に蒸気が立ちのぼる。アナトリーが焼け石にビールをかけて、手に持っていた大きなバスタオルを頭上でぐるぐると振り回し始めた。蒸気はビールの香りとともに、あっという間に広いサウナに充満した。こうすることが珍しくはないのか、周りの人もタオルを回している。

突然、見知らぬ初老の男が私の所へ歩みよって来た。彼は、握手を求めながら、「あなたは日本人ですか」と言う。私が、「そうだ」と応えると、手を握りしめ、こう言った。「私とあなたは兄弟だ。あなたはヒロシマとナガサキだ。私はチェルノブイリだ」

このときの鮮烈な光景は、脳裏に焼きついている。世界の国の中で、原爆による被爆と原発事故による被曝を体験し、お互いに苦しみと悲しみを抱えている。だからこそ、そこから訣別して世界に発信していかなければならない。1945年8月のことを。しかし、そのとき気がついた。私の中で、ヒロシマもナガサキも風化していることを。

原爆と原発は双子

人間を、学名でホモ・サピエンスという。ラテン語で、理性があり賢い人の意味だ。ホモ・ファベルともいうが、これは工作する人を意味する。しかし、賢いという人間が何を作ってきたのか。地球上のあらゆるいのちを殺戮する道具を作ってきたのではないか。

人を殺すための「核兵器」、100万年も消えない放射能を出し続ける「原発」、それらをつくってきたのが人間だ。原爆と原発は双子なのだ。どちらも、天然ウランから取り出してできる放射性元素に中性子をぶつけて「核分裂」を起こさせ、そのときできるエネルギーを利用してつくられる。

原爆は一瞬で、人間だけでなく多くのいのちを死に至らしめる。しかし原発はスロー・デス。ゆっくりと進行して、いつのまにか人を、いのちを死に至らしめる。

何と恐ろしいことだ。ゆっくりだから気づかないのか。ゆっくりだから大丈夫だと思っているのか。ゆっくりだから自分とは関係ないと思っているのか。血へど吐く思いで、この文章を書いている。

丸木位里、俊ご夫妻の「原爆の図展」へ行ったときだ。直視できないほどの原爆の凄まじさと恐ろしさが描かれていた。全身が焼けただれ、血と膿が垂れ落ちている。胸が痛くなりながら、十数点の絵を観つづけて、この展覧会の最後の絵「第14部」の前に立っていた。

これは何なんだ。いったい何が描かれているのか、分からなかった。「からす」と名づけられたその絵は、カンバスいっぱいが、ただ真っ黒の作品に見えた。キャプションの言葉に胸がえぐられた。広島原爆で亡くなられた無数の人たちの中で、数日間、いちばん後まで放置されたままのご遺体があり、それにカラスが群がり、目の玉を突ついている絵であった。なんと惨たらしいことなのか。そのご遺体は朝鮮の方だったそうだ。

むろん醜く酷いのは目の玉を突くカラスではない。遺体にまで差別をしている「人間」だ。人の心に鬼が住む。差別の鬼が住む。

生前の丸木俊さんにお会いして、話をうかがったことがある。小さな身体をうち震わせながら、原爆投下1週間後の広島で、泣きながらスケッチしたことを、戦争の惨たらしさと、戦争が人間を鬼に変えていく恐ろしさ、そして凄まじいまでの核兵器の恐ろしさを語ってくれた。優しい目に涙があった。

生家が真宗系の寺院ということで、話は心に宿る人間の地獄性に及んだ。俊さんは、手に木の筒のようなものを持っておられた。「それは何ですか」、と尋ねると、「これは江戸時代の百姓一揆の際に使われたものだそうで、私の宝なんです」と、微笑みながら筒口を口に当て吹かれたが、すぐには何の音も出なかった。しかし数秒後、その筒から「ブオーン」という音が鳴り響いた。まさに大地を震わすエネルギーを感じたことを、思い出す。

惑星と放射性元素

理科の時間に、「すいきん、ちかもく、どてん、かいめい」、そう言って暗記したことが思い出される。太陽から近い順に、水星・金星・地球・火星・木星・土星・天王星・海王星・冥王星と並んだ、太陽系の惑星・準惑星の名称だ。天王星は1781年に発見された。土星までは古代から知られていたが、望遠鏡の発明が新星の発見につながったのだ。この新しい惑星はローマ神話の天空神と同じ名「ウラヌス」と名づけられた。その8年後、天然に存在する最も重い元素がドイツのクラプロートによって発見され、新惑星・天王星にちなんで、「ウラン（ウラニウム）」と命名された。

　この放射性元素ウランの99％以上はウラン238で、わずか0・7％の割合で同位体のウラン235が含まれる。このウランに中性子を衝突させると核分裂を起こし、臨界量以上あると核爆発を起こす。つまり、核兵器や原発の原子炉燃料の原料となるのだ。

　1940年、実験によって、自然界にない人工的な元素が生み出され、その一つは、海王星ネプチューン（ローマ神話の海神・ネプトゥヌスの名から）にちなみネプツニウムと命名された。そしてもう一つは、冥王星プルート（ローマ神話の冥界神の名から）にちなんでプルトニウムと名づけられた。このプルトニウムは核分裂を起こしやすい性質であることがわかり、発見からわずか5年後、原爆となって長崎に投下され、地獄を生み出した。まさに冥界（地獄）の王プルトニウム。

　史上最高の猛毒元素といわれるプルトニウムは、半減期（放射能を持つ元素の原子核が崩壊してその量が半分になる期間）が2万4000年とひじょうに長く、体内に入ると排出されにくく、長期間にわたって周囲の組織は被曝され続けるといわれる。

　ところで、広島の原爆ではウラン235が、長崎の原爆ではプルトニウム239が用いられた。核が爆弾として用いられたのはこの2回だけだが、爆弾（原爆・水爆）用に処理された天然ウランの残りかすは、世界各地の戦争で今も数多く使用されている。そう、あの劣化ウラン弾だ。
劣化ウランの比重は約19で、鉄の2・5倍、鉛の1・7倍とひじょうに大きいので、砲弾としての能力は高くなる。だから、使われる。湾岸戦争で、ボスニアで、アフガニスタンで、そして今イラクやシリアでの使用もうわさされている。しかし、「劣化」といわれても、その放射能は天然ウランの約6割あるとされているのだ。放射能をばらまく危険性がないはずはない。

原子力発電とは、簡単に言うと、ウランを燃やして（核分裂を起こさせて）、その時発生する熱エネルギーを取り出して、電気エネルギーにするものだ。原発の原子炉の中では、核分裂をおこしやすいウラン235とプルトニウム239が次々と核分裂反応を起こして量産されている。そして、その残りかす（劣化ウラン）も原発を稼働するかぎり生まれ続ける、ということを忘れてはならないだろう。

さて、ウランが発見された約100年後の1895年、ウィルヘルム・レントゲンが未知の放射線を発見し、X線と名づけた。医療の世界で今でも使われ、多大な貢献をしたことから第1回ノーベル物理学賞も受賞したが、レントゲンは、放射能があらゆる生命体を死滅させるものとは想像もしなかったことだろう。
「放射能」「放射性元素」の名づけ親であり、ノーベル賞を2度受賞したキュリー夫人も、長年のラジウムなどの研究で被曝していたといわれ、白血病で亡くなった。

あゝ、何と悲しいことか。そして人間だけが被曝したのではないことを、思わずにはいられない。自分のことしか考えない人間に殺されていった、無数のいのちに謝らなければならない。

仏像の半眼、あの瞼の中には涙がいっぱいたまっているといわれる。瞼を開くと涙はあふれ落ち、瞼を閉じてもたまっている涙がこぼれ落ちてしまう。開くことも、閉じることもできず、そっと涙を瞼いっぱいにためたままの姿、それが仏像の半眼だと教えていただいた。なぜ気がつかないのか、なぜ分からないのか、と。

半眼とは、無数の民の、文字にも言葉にもできない哀しみの心が生み出してきたものなのだ。無数のいのちの犠牲を踏みしめて歩んできた、われら人間。仏像の半眼の瞼の中を想う。瞼にたまっている涙を想像できる感性が、失われてはいないだろうか。

人の心に鬼が住む

人は、その心の中に何を抱え持っているのだろう。平安時代中期の僧・恵心僧都《えしんそうず》源信《げんしん》は、「往生要集」を著し、日本の浄土教に画期的影響を与えたが、「大地を掘ること、一千由旬にして等括地獄あり」と語る。1由旬は牛車の1日の行程ともいわれ、およそ15キロ、その1000倍だから、約1万5000キロの深さだ。地表から地殻、マントル、核を突き抜ける地球の直径を超える距離で、そこに地獄の入口があるという。源信のいう「大地」とは「心の大地」である。おのれの心を掘ることを意味している。とてつもないその距離の深さは、自分自身がとうてい気づきえないことを示唆している。

人間は、自分自身のことがいちばん分からない。分かっているようで、自分が見えない。おのれの心の中には、いったい何が住んでいるのだろうか。親鸞《しんらん》は、鎌倉時代初期において、絶対他力の思想と生きざまを通じ、世の中とおのれ自身を深く掘り下げたが、自身の内面を「蛇蠍《だかつ》のごとき」（人に嫌われるヘビ・サソリのような醜さを持っている）とあらわし、「地獄は一定《いちじょう》すみか」と述べた。

戦争は人を鬼にした。ウラン235を用いた広島原爆、プルトニウム239を用いた長崎原爆は、30万人以上ともいわれる人たちを一瞬にして殺戮し、鬼となった。そして原発もまた差別を構築し、ばらまきながら、ウランとプルトニウムを吐き出し、人は鬼となる。

そして思う。「私の心の中にも、人に言えない魔物が住んでいる」と。

でも、ベラルーシから子どもたちが来ていた夏は、自分が少しだけいつもより優しくなれていたような気がする。

「やはり、してあげたのではなく、もらったんだなぁ。いただいたんだ」

別れの朝が来た。やはり別れは辛く、悲しく抱き合うのだった。言葉が通じないということは、けっしてマイナスではなかった。目を見て、うなずき合って、抱き合うことしかない。もう会えないかもしれない。

もちろん私たちの人生は、一期一会だ。一回一回の出会いが、そのまま別れでもあることは頭では分かっている。しかし、それを現実として受け入れる場に直面することがあるだろうか。自分自身が病気や手術で「死」を考えたり、家族や大切な方が亡くなったとき、初めて考えられないほどのショックと同時に、出会いと別れのもつ喜びと悲しみの意味が心を目覚めさせてくれると思う。

つまり、明日は今日と同じようにやってくる、と何の疑いもなく当たり前のように生きている私たちの日常に、本当にそうなのか、とくさびを打ち込まれた時間と空間が、私にとっての「ベラルーシ」だった。

「死」を考えるということは、「生」を考えることなのだ。

4章　チェルノブイリと福島

チェルノブイリ被災者からのメッセージ

２００６年４月、チェルノブイリ原発事故から20年の節目の年に、ベラルーシ共和国ゴメリ州ブラーギン郡フラコヴィッチ村学校の、ラリーサ先生とナターリア校長から、メッセージが届いた。

年月が経つほど、チェルノブイリ原発事故の結果は、ひどくなっていく一方です。今までに数百人のベラルーシの赤ちゃんが先天的異常をもって生まれたり、あるいは亡くなったりしています。放射性物質の７割以上がベラルーシに落ちました。国土の５分の１は、原子の灰で覆われました。５人に１人は、ひどい目にあいました。それは、神様の罰のように私たちの国にあたったのです。

1986年4月26日午前1時23分40秒。

ベラルーシ人の生活が、チェルノブイリ前とチェルノブイリ後に分けられた瞬間でした。

事故が起きたことも、その事故の危険性についても、だれも知りませんでした。ラジオやテレビ、それから政府も、黙っていました。そして、それに対する政策は常識では考えられない対応に終始しました。行き当たりばったりで、ほんの少しの優しさや親切もありませんでした。

事故後5日目になって初めて、マスコミにチェルノブイリ原発事故に関する短い記事が出ましたが、それは、自然や生命に危険性がなく、当局は事故をコントロールしている、というものでした。

ナロブリヤ郡やホイニキ郡など、ベラルーシのだれもが、爆発の結果や、雲ができて高く舞い上がったことを知りませんでした。

それから「原子の悪魔」は、わが国を遊びまわって「プレゼント」を残していきました。そのときから〈チェルノブイリ人・移住者〉という、新しい「民族」ができました。統計によると、事故以降、汚染された大地から13万7千人が移住させられました。

西ヨーロッパが大声で危険性を訴えはじめてから、初めて汚染地域からの子どもの避難が話題になりました。乳幼児は母親と一緒にサナトリウムなどの施設に移されましたが、それを必要とする人や子どもたちがそばにいることを、忘れないでください。小学生は学校ごとに移住させられました。子どもと別れさせられた母親たちは、胸がはり裂けるような思いをしていました。

チェルノブイリ原発事故が起こったとたんから、原発従業員・消防員・医療関係者などの人たちが「原子の悪魔」と戦っていました。後に〈一掃者〉と名づけられました。その全員が、ものすごい精神的なストレスを受けて治療のできない病気に……。自分の子どもの将来に対する恐怖……。〈一掃者〉の５人に１人が亡くなり、生き残った６人に１人は障害者となりました。

１９８６年４月26日。この日は、20世紀の大悲劇のひとつとして、ベラルーシや全人類の歴史に残ります。チェルノブイリは、あたかも技術中心の現代文明に最後の警告を出したといえます。自己を全滅に近づかせ、ハムレット的な質問で責めました。「この地球に人間や生命があるかないか」という。

恐ろしい日以後、人びとはチェルノブイリを第二次世界大戦と同じくらいに思いました。ちなみに広島や長崎でも、チェルノブイリほどの結果ではありませんでした。

仕方がないでしょう。今も、来年も……、奇跡は起こりませんので、私たちはいつまでも大災害のそばに住まざるをえません。

もう20年もの間、チェルノブイリの人びとには、落ち着きや喜びがありません。1986年、原子力は私たち多くの人びとの心に深い傷を残し、歳月もこれを治せません。

その当時、真相を知っていたら、結果もこれほどひどくなかったかもしれません。関係者に、こう聞きたいのです。

「なぜ事故直後、医者に診察してもらったとき、風邪などの軽い診断をしたのですか?」

「なぜ私たちの国には〈チェルノブイリ人〉を気にかけてくれる人がだれもいないのでしょうか〈好んで〈チェルノブイリ人〉になったわけでないのに〉」

「なぜ、私たちの子どもや孫が、治せない病気にかかって、他人の誤りを償わなければならないのでしょうか?」

これらは、ただの愚痴ではありません。こうした疑問・質問を出し始めると、きりがありません。でも、どの質問ひとつにも答がみつかりません。その間も、私たちは生きていかなければなりません。

私たち大人は、子どもにウソをつかず、真実を教えなければなりません。チェルノブイリという運命を、だれもが待ち受けていることを、忘れないように。

その毒矢がいつ、だれに当たるのか、だれも分かりません。ですから、これから何十年も何百年も、その目に見えない放射能が私たちを獲物にしていくことを、忘れないよう大声で叫びたいのです。

チェルノブイリは、被害を受けた当事者やその親戚だけの、放射能が落ちた国だけの問題ではありません。全地球の悲劇なのです。一人の力でこんな大きい悲劇を乗り越えることはできません。昔も、災害を生き抜くために、人びとは一緒になってきました。雨や埃となって放射能を受け、今でも食べ物や水と一緒に放射能を口にしている人たちに対して、私たちはできることをすべてしてあげたのでしょうか？

みなさまに心からお願いしたいのです。

お互いに「やさしさ」を大切に。そして、助けを必要とする人が、そばにいることを忘れないでください。物質の援助でなくても、心のサポートでも良いのですから……。

「チェルノブイリ」に負けてはいけません。

この今日の出会いは、悲しみでも痛みでも警告でもありますが、希望でもあります。このような大きな悲劇が二度と起こらないように、という希望へ。

ラリーサ・トカチェンコ（フラコヴィッチ村学校教師）
ナターリア・マルツァヴァ（同学校長）
〈日本語訳／オレーグ・バルシャイ〉

日付を変えて、「チェルノブイリ」を「フクシマ」と入れ替えたら、どうだろうか。日本で起こったこと、今も続いていることを、私たちも世界に向けて発信していかなければならないのだと、思えてならない。

メッセージには、また、同じ学校の同僚で、立入禁止区域となってしまった村の人からのコメントも添えられていた。

私のふるさとは、1986年から有刺鉄線のなかにある。死のゾーンだ。

20年にわたって生活がない。朝は煙突から煙が上がらない。ニワトリが鳴かない。子どもたちの笑い声が聞こえない。子どもは学校へ大人は職場へ、それぞれ急いで出かけない。

私の大好きな村は死んだ。

というより、放射能から逃げなければならない村人に、出られてしまったのだ。

畑や道や庭は雑草におおわれ、かつての新しい家は壊れて、ガラスのない黒い窓がうらんでいるようににらみ合っている。

神様よ、良い人びとを、みんなを、こんな恐ろしさから守ってください。

原発は「反いのち」

地震と津波と原発事故。天災と人災。時が過ぎれば過ぎるほど、解決ではなく新たな悲しみと怒りが渦を巻き、慟哭の日々を送られる人は数知れず。

この狭い地震国に54もの原発がある。本当に安全なら東京に、永田町につくればいい。都民も議員も怒って猛反対するだろう。とんでもないモノをつくるなと。それが真実なのだ。原発はとんでもないシロモノなのだから。

人は自分が可愛い。みんなそうであろう。私もそうだ。しかし自分さえ良ければ、それでいいのか。後は無関心でいいのだろうか。人間が生きていくうえで、生産し消費し分配していく「経済」は、とても大切なことである。しかし放射能が惹起する問題は、それらの活動すべてを根源から覆すことなのだ。生産ができなくなる。そして消費も分配も不可能になる。それは福島原発事故のすべての状況が公開されていない現在でも、分かるはずだ。それで、どれだけの人々が血涙を流していることか。

今までの経験や知識がまったく役に立たず、人間の生活や人間関係という経済の根本図式が当てはまらないことだけは明白になった。海に垂れ流され、田や畑にも農産物にも蓄積されている放射能の数値は、考えられない高濃度を示しているが、もはや慣れてきたのか、マスメディアも静かであることが恐ろしい。

いのちもお金も、ということが言われるが、ならば即刻リセットすることだ。原発をゼロにして、本来の人間としての生き方に立ち帰ろうではないか。それしか道はない。そうでないと、未来の子どもたちのいのちが失われる。

ウラン235に中性子がぶつかり、原子核が分裂し、二つの別の元素に分かれる。そのときの核エネルギーは、通常エネルギーの1000万倍という。人間が制御できるものではない。そして新しく生まれた元素や、放射能を出しながら変わって生まれるさまざまな元素が、死の灰なのだ。天然ウランの原石を採掘・精錬・濃縮する、そうした最初の段階ですら被曝する。

30年くらい前になろうか、ネイティブアメリカンの人たちが私の寺に来たときに、ウラン鉱山の実態を聞いたことがある。そのとき、私は自分が狭い世界で生きていることに気づかされた。天然ウラン鉱山開発の犠牲となっている、アメリカやカナダやオーストラリアの先住民族の話を聞き、アフリカを含めウランと被曝の実態を、そこに生きる人々の怒りと悲しみの声を聞こう。

放射能被曝は、広島や長崎だけではない。ビキニ島（マーシャル諸島、1946～58、アメリカ核実験）、第五福竜丸（1954、ビキニ環礁でのアメリカ水爆実験で被曝）、タヒチ（フランス領ポリネシア、1966〜96、核実験）、スリーマイル島（アメリカ、1979、原発事故）、セミパラチンスク（ソ連、1949〜91、核実験）、チェルノブイリ（ソ連・現ウクライナ、1986、原発事故）、福島（日本、2011、原発事故）……。

もうやめてくれ！　高レベル核廃棄物のそばに、わずか30秒いるだけで、放射能による被曝で絶命する。そして、その拡散した放射能は、10万年消えない。いや、数値がゼロになるまでは、100万年もかかる。タービンを回し、電力を発生させる装置のためだけにだ。さぁ、十方衆生すべてのいのちに謝らねばならない。原発は、反いのちなのだから。

友の故郷「立入禁止区域」の村へ

チェルノブイリ原発事故で被災した現地の人は、放射能にまったく無知な人、知識としては分かっているが大丈夫と考えている人、考えてもしかたがないと無視している人、これらに分かれると思う。私の手もとに、ミンスクの病院で年に1回、巡回医療車が記録しているフラコヴィッチ村全員の体内被曝量のデータがある。最も数値の高い人と低い人とでは約10倍の違いがある。放射能に対しての対応の違いが、これほどの結果を生むことに驚いた。

あるとき、ミンスクの著名な博士のいる研究室で、体内被曝を検査してもらったことがある。私はそうでもなかったのだが、妻の数値は高かった。博士は私たち二人に、村での1週間の生活、とくに食事内容を聞かれた。宿泊先は隣同士の家だったが、食事は私も妻もいっしょだった。しかし妻は、夜に野イチゴを食べたことがあったようだ。それが体内被曝の原因だと、博士は言い、私たちにビタペクチンという粉末剤を飲ませた。

ほんのちょっとした食べ物でも、このような結果が出る。放射能の恐ろしさだ。


しかし、それでもやはり、私は放射能のほんとうの恐ろしさをまだ知らなかった。知っている、と自認していたのだが、まったく無知に等しいと自覚させられたことがあった。

放射能汚染のひどいベラルーシの中でも最大の被災地はゴメリ州のブラーギン郡だ。郡の中心ブラーギン町は人口が4分の1になった。数多くの村々が地図から消され、サビチ村は村が東西に2分割にされ、片方は立入禁止となっている。今、福島が現在おかれている状況を、ずっと以前にチェルノブイリは教えていたのだ。

一度だけ、入ってはならない立入禁止区域に入ったことがある。それもチェルノブイリ原発から、わずか8キロという至近距離まで。

あるとき、フラコヴィッチ村が所属する「チャパエバ」コルホーズ長のアダムが言った。

「中に入ってみるかい？」

30キロゾーンの中へ入るか、という言葉に、驚きながらうなずいた私は、彼のジープに乗って、立入禁止の、例のＳＴＯＰの看板と遮断機をくぐり抜けた。見張り番の兵士たちは何も言わない。どうやら少しの金品を渡した様子だ。

絶対ジープから降りたらダメと、念をおされ、廃墟となった村を突き進んだ。気のせいか、何となく身体が熱いような気がしていた。副コルホーズ長のアナトリーと、私に同行して、村へ入りたいと希望していたジャーナリストもいっしょだ。

道の左右には、窓に板が打ちつけられている家々がある。道路は折れた木や小枝でふさがれていたりする。助手席のアナトリーは、そのつど何かブツブツ言いながら車から降り、それらを取り除いていた。「パスリー（さあ行こう）、もっと奥へ」の言葉と同時に、ジープは道とは言えない雑草と枯れ枝の原野を南に向かう。

被曝地の立入禁止地区を、どれだけ走っただろうか。突然車は停まり、アダムとアナトリーは車から降りて顔を見合わせていた。ここはチェルノブイリ原発から、たったの8キロの至近距離の地点で、森の向こうはウクライナとの国境だ。大事故の起きた発電所は眼と鼻の先。ふたりは言った。

「30キロゾーン」内の棄てられた村、壊れた家（上・下とも）

「もう、行ってはならない」

いや、もちろん、そうだ。防護服もマスクもガイガーカウンターも何も持たず、まったくの手ぶらだ。この地帯に入ることすら許されない場なのだ。8キロという超至近距離だというが、臭いもなく痛くもなく、でも放射能はいっぱいだろうと、頭をかすめた。

泥で汚れた見えにくいジープの窓から、赤茶けた木々や枯れ草が見えた。私は何かに魅入られたように、ジープから降りていた。車で入ることすら許されない危険な場所に、降り立っていた。

そこは音のない世界だった。茫漠たる世界が拡がっていた。すべてが大地に埋められていた。学校も、病院も、郵便局も、故郷も、思い出も、すべてが埋められ消されていた。

アナトリーは巨体を折り曲げて、泣いていた。スプーンとフォークでお皿を叩きながら歌う陽気な彼は、亡くなった友達の名を呼びながら、大きな身体をうち震わせ立ちつくしていた。じつは、ここは彼の故郷の村だったのだ。どんなに帰りたかったことか。なぜ、自分の生まれ育った故郷に帰れないのか。故郷を捨てなければならないのか。なぜこんな目に会わなければならないのか。

無言のまま、その場を後にするのだが、私はそのときの自分を思い出せない。何をしたのか、覚えていないのだ。

コルホーズの技師長から副コルホーズ長になったアナトリー、「娘がお世話になった」と、いつも村に行くたびに笑顔でもてなしてくれた彼、大きな声で歌い、100キロを超える身体をゆすって笑っていた彼が、嗚咽し慟哭する姿に、私は原発への怒りと悲しみに胸が張り裂けるばかりだった。

立入禁止地区を戻る途中だった。1軒の廃屋の入口に立ち、クモの巣を手で払いながら、私は家の中へ入っていったのだ。

慌てて出ていった様子の部屋だった。テーブルといすとベッド、そして床にいろいろなものが散乱していた。

私は、スプーン、フォーク、新聞、音楽の教科書、ハーモニカを急いで手に集めていた。日本に持ち帰ってみんなに見てもらおうと思っていたのだろうか。いま考えても、そのときの精神状態が分からない。広島の街を流れる太田川に入り、原爆瓦を見つけているような気持ちだったのだろうか。

村に戻ると、コルホーズ長アダムの従妹で学校教師のラリーサさんが私を見て、血相を変えて、私に言った。

「ナガエさん、どこへ行ってたの？
立入禁止地区……、そしてそれは？

あなたは、いったい何てことをしているの！
たった今、着ているもの、靴もすべてを脱ぎ捨てなさい。
放射能の本当の恐ろしさを知らないのだから」
私を見つめる目は、恐怖におののいていた。その目をみたとき、自分が放射能に対して
あまりにも無知で、甘く考えていることを知らされた。
放射能の本当の怖さを知る人は、どれだけいるのだろうか。福島原発の大事故が起きた
日本ではどうなのだろうか。今もそれを思う。

その後、アナトリーの娘ナージャから、手紙がきた。父アナトリーはあの後病気になり、
2年後に自死したという。悲しい知らせだった。
翌年、私と妻は墓地へ行った。あの彼の笑顔に会いたくて。
里親をしてから、子どもたちの40代の親が8人も亡くなっていった。

ナージャからの手紙

ナージャからは、福島原発の事故後にも手紙が届いた。

ナージャは愛称。正式にはナジェジュダ、希望という意味だ。生まれて間もなく被曝し、小学生のとき甲状腺を手術。副コルホーズ長の父親は自死する。しかし希望は失わずに母と共に生きてきた。

結婚をし、そして妊娠したが、医者からは産まないように言われ、彼女は泣いて手紙をくれたりもした。私は、自分の思う道を歩むよう返事をしていた。やがて夏が過ぎ、元気な赤ちゃんを授かった。

フラコヴィッチ村からの手紙は、約1か月かかって届く。福島原発事故の春、ナージャから届いた手紙。

こんにちはナガエさん。

あなたのご家族とお世話になった日本のみなさま、そしてフクシマのみなさま、ナージャがこの手紙を書いています。

このたびの大震災に対し、心からお悔やみ申し上げます。

何と悲しいことでしょうか。大勢の人びとのいのちが奪われてしまった。

私たちは毎日、テレビや新聞を見ています。私は自分のお悔やみの気持ちや悲しさを、どう表現すればよいのかが分かりません。

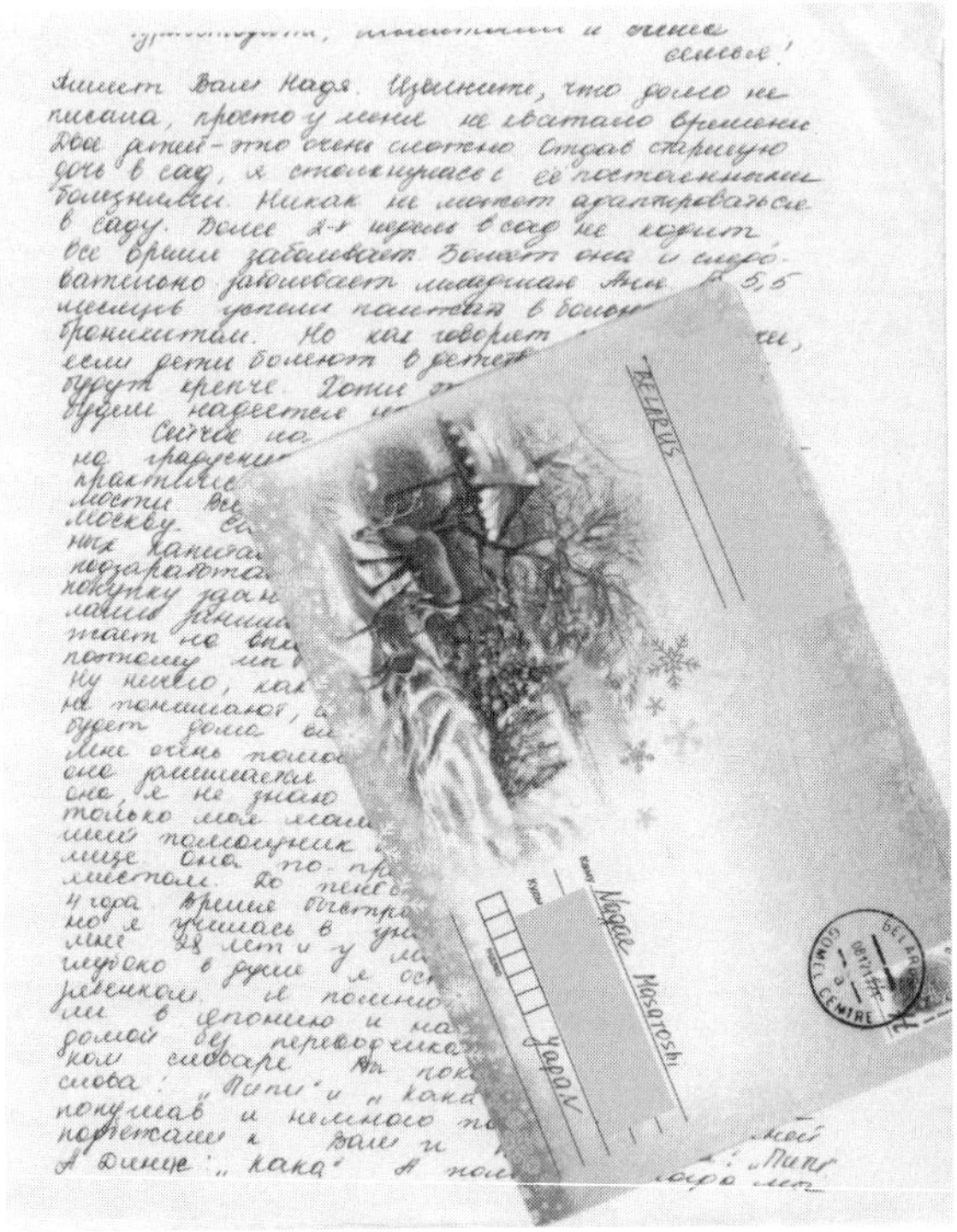

ベラルーシからの手紙

大勢の人たちが亡くなり、放射能で苦しんでいる。この心の痛みは言葉にはできません。この悲しみは、いのちがいかなる価値をもっているかを人々に教えてくれているのでしょう。

この大変で困難な状況の中で、どうか貴方たちが耐えられますよう、心からお祈りいたします。

今回の大きな被災は、私たちが受けた気がいたします。

お元気でしょうか。大丈夫でしょうか。

貴方たちのことをいつも心配しております。

元気を出して、あきらめないで。

あなたの国と人を信じています。

さようなら。あなたのナージャより。

手紙を読み、強く心をうたれた。ぜひこの手紙を福島の人たちへ、東日本大震災で苦しんでおられる多くのみなさまに届けたいと願った。

私は「同体の大悲」という言葉を思った。相手と同じ視座に立ち、同じ心で歩むことを意味する仏教語だ。同じ原発事故で、同じ悲しみと苦しみとに出会ってこその言葉だと思った。

ただ、手紙の最後の言葉が重くのしかかった。「あなたの国と人を信じて……」。

福島の事故の後、国は何をしたか。そして人は。

私たちはいちばん大切なものを忘れ、捨てて、走ってきたのではなかろうか。おのれの心の中に、より強さを求めて原爆に。より速さを求めて原発に。そこに、ある種の繋がるものが内包されてはいないだろうか。

それを見つけて、そこから訣別しなければならない。

それが未来の、未だ見ぬ子どもたちへの責務だと思う。

ナージャへの返信

ナージャ、心のこもった手紙をありがとう。

福島の人と同じ気持ちに立てるのは、ナージャが幼いときにチェルノブイリ事故で被曝し、同じ悲しみに出遭っているからなんだなぁ。

でも、なぜ同じことが繰り返されたのか。私は今も思い出し耳に残っている言葉があるんだ。フラコヴィッチ村からのメッセージだ。

黒い羽（放射能）が襲いかかってきた。

人間がこの後どうなるのか、誰も分からないのでしょう。私たちは人体実験なのでしょうか。

いいです。私たちはある意味、人類の防波堤のようなものかもしれません。しかし、その間にどうか気づいてください。放射能の怖さについて。

原発をつくらないで。動いてる原発は、すぐに止めてください。地球はいったいどうなるのでしょう。

どうか、空が青く、花が咲き、鳥が飛び、子どもたちが元気に遊びまわり、歌をうたう、平和な世界をつくってください。もう再び同じような事故は起こしてほしくないのです。

そして、お願いですから、このかけがえのない地球に、原子力発電所をつくらないように、お祈りします。


さてナージャ、結局私たち日本人は、自分のことしか考えてこなかったんだ。恥ずかしいけど、私もそうかもしれない。

原発建設、燃料棒搬入、議会採択、原発稼働。そのつど3日間の断食を4度したよ。私の心臓バイパス手術のときは、ナージャたちの学校の先生方から励ましの寄せ書きが届けられた。手術した半年後、私が妻と村を訪れたとき、「もう断食はしないで」と泣いてくれたよね。でも食事をしないでいるときには、びっくりするほど時間があり、考えることがたくさんあったんだ。

断食を終えて、初めていただく水は甘く、食事はいのちをいただいていることが実感された。「原発は反いのち」と言い続けてきたけど、じゃあ本当に自然エネルギーへの転換へ向かって種々の動きをしてきただろうか、電気を無駄づかいしていなかっただろうか。

18年間で89人の里親となり、十数回ベラルーシの被曝地を訪れて支援物資を運んだけど、本当に放射能の恐ろしさをわかっているのだろうか、と自問自答したことがある。

フラコヴィッチ村の学校で、チェルノブイリ事故の日に追悼法要をしたいとお願いしたけど、「原発事故は過去の出来事ではなく、現在も、そして未来も残留放射能は人間を侵し続ける、だから追悼ではない」、そう言われて、断られたね。でも、その2年後、日本から袈裟と法衣を持参して、学校の講堂で〈希望と平和の集い〉をすることができた。

日本はこんな大事故を起こしたのに、なぜ再稼働しようとしているのだろう。被害者であり加害者となったのに、なぜ原発を輸出しようとしているのだろう。

ナージャはどう思う?

5章　ベラルーシ再訪、そして

転地保養支援の拡がり

次の年（1994年）の夏も、同じフラコヴィッチ村から子どもを招聘した。そして回を重ねてゆく。

2年目は、女の子はユリアとジャンナ、男の子はセルゲイとフュードルの小学1年生4人がやって来た。ユリアは両親が亡くなっており、年老いた祖父母と暮らしていた。セルゲイも父が亡くなっている。12人兄弟だ。どの家庭も貧しかったことが、後日わかる。子どもたちは前年と違い、やんちゃ坊主とおませな女の子たちだった。

私たちも2度目なので、要領はある程度わかってきた。そして前年は、「幌延高レベル核廃棄物問題を考える会」が受け皿だったが、この年から「日本ベラルーシ市民友好協会」が独り立ちすることになる。私はドイツの里親を手本とさせていただいた。

里親は子どもを呼ぶために貯金をする。カンパや助成に頼らずに、1年ごとの会員組織で年会費300円とした。この程度の額なら、子どもたちでも会員になれる。しかし。ある意味これはたいへんだった。でも、あえてしんどい道を選んだ。飛行機代以外は、すべて里親が自腹を切る。里親と「親」がつくなら当然だと思った。「運動」とは、自腹を切るものだと思う。

新聞やテレビで何度も取り上げていただいたこともあって、たくさんの人々から有形無形の励ましと支えをいただいた。ひと夏で1000人を超える人々が会員となってくださったことは、正直驚いた。「心の里親」として支えてくださり、町内を回って支援を呼びかけてくださった方、子どものクラスの親に呼びかけてくださった方、お寺の関係もあったが、自腹を切るという会の姿勢、少ない会費で多くの人の賛意を集めるという、単にカンパを募る方法とは違う姿勢を評価してくださったのか、たいへんありがたいことだった。会費を超える金額は協賛金とさせていただき。現地への支援金とさせていただいた。これ以降どれだけ多くの人たちに支えられてきたものか。

事務局的な動きもできて、順調な転地保養里親の夏だった。ただ、子どもたちは違った。いうならば、初年度は、村の「おりこうさん組」で、2年目は「天真爛漫組」とでも言えようか。だからたいへんだった。車を洗う手伝いでは屋根の上に乗ってしまい、火災報知

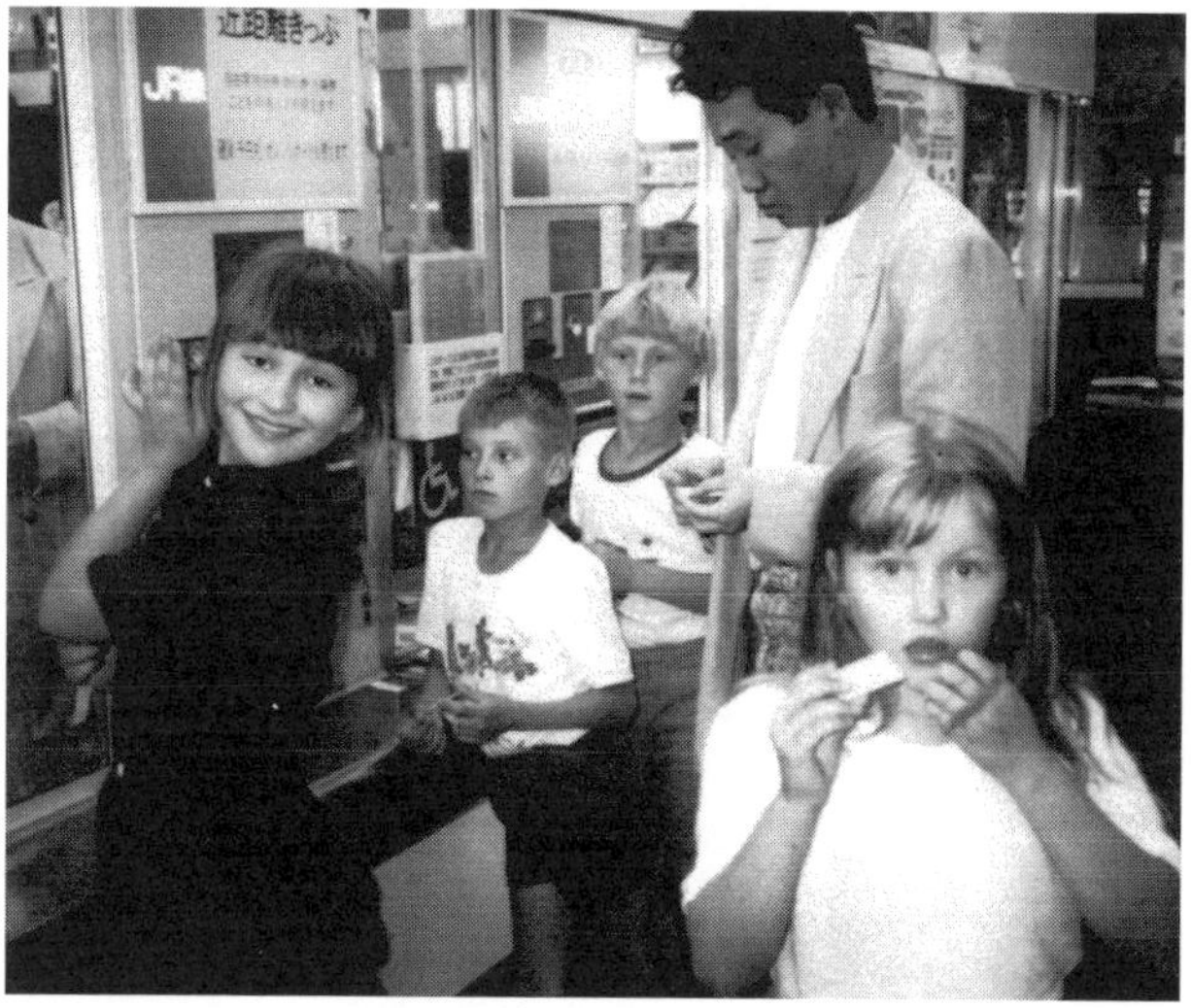

駅での子どもたち

機をいたずらし、外に食事に行ったらテーブルの下にもぐり、上に出ているものを片っ端から口にくわえたり。皆さん、申し訳ございません。お世話かけました。しかし、子どもらしいからこそ可愛かった。今の日本の子は大人のようだ。

毎年毎年、回を重ねてきた。来る子たちは、毎年4～5人、多いときは8人だった。人数が多いのが良いのではなく、来た子たちが日本を好きになり、呼んだ私たちもチェルノブイリをわがことと受けとめることを目標にしていた。なぜなら、もし呼んだ子どもたちの数を多くすることのみが目標ならば、ベラルーシに近い、ドイツやイタリアにお願いする方が良いのかもしれない。日本がチェルノブイリ被災児を支援するということは、被爆国の日本が、そのことを忘れ、遠い遥か彼方の出来事と思っていることに、一石を投じる意味を感じていたからだ。

そうしたことを考えると、数人しか来ない子たちの歓迎会に、毎年50人もの人たちが集まって下さることはありがたく、大きなエネルギーとなっていた。元気で働けたからこそと退職を記念して高額な協賛金を贈ってくれた人もいれば、無事出産できたからと、また逆に産まれた子が亡くなったから、などとさまざまな声と心が寄せられてきた。

一人暮らしの老婦人からは、毎月手紙が添えられて送金いただいた。地元はもとより、他府県からの熱い心も嬉しかった。新聞や雑誌、あるいはラジオ、さらにテレビにも初年度を含め5〜6回取り上げられた。そのようななか、団体からの支援もいただいた。

4年目からは西本願寺が、全逓北海道が、さらに京都市蜂ヶ岡中学校、旭川東高・北高・西高・看護学校などから、教師と学生が一体となって支援いただいた。もちろん寺院関係も全国的に拡がっていった。しかし何といっても、何かを縁として、一人一人に支えられてきた、という感謝の念がすべてだ。

1年おいて翌々年、1996年5月末、2度目のベラルーシ行きだ。

村の学校はちょうど卒業式だった。場所は、学校の正面玄関前の広場でのことだ。高校2年の卒業生が、小学1年生を抱っこして入場してきたのには驚いた。生徒たちそれぞれが手に持った大きな鐘を打ち鳴らして、式は始まった。親たちは広場を囲む塀に寄りかかって見ている。やがてみんなは、バヤンというボタン式アコーディオンを演奏する先生に合わせて歌い出した。

何とのどかで美しい情景だったろう。今回はナージャたちに会いたいと、私の両親と従兄弟も付き添って、たくさんの支援物資を持参してきたが、キーボードやハーモニカや笛などの楽器を持ってきて正解だった。悲しみと不安を乗り越えて、音楽を奏でてもらえそうだ。

私たちはナージャとパベルの家に分かれて宿泊した。パベルの母親ラリーサ・トカチェンコさんは学校教師だ。コルホーズで働く夫アレクサンドルさんと、パベルの姉ナターシャ（彼女は保養と付添いとで2回、来日する）との4人家族だ。ラリーサさんはその後18年間、村の人たちと、学校と私たちの会を結ぶ現地事務局の役割をしてくださった。そしてまた、放射能の本当の怖さを知る数少ないひとりだった。

遠い国の近しい人たち

ウクライナ共和国チェルノブイリ原発事故の死の灰は、風下のベラルーシ共和国に約7割も降り注いだといわれる。私のもとにはウクライナからも2人の男の子が保養に来たが、いちばん被害の大きいベラルーシ・ブラーギン郡から毎年子どもたちを招聘していた。そうしたことから首都ミンスクで幾度も現地の記者から取材を受けた。

「被曝地へ行くのに、なぜ、ガイガーカウンターを持っていかないのか」

決まってこう答えていた。

「村で待ってる子どもに会いに行くんです。私の子どもに」

翌朝の新聞には、「手ぶらで被曝地へ入る男」の見出しとともに写真が載っていた。事務局の方が子どもたちに会いたいといっしょに行ったときは、新聞以外に雑誌にも写真入りで紹介されたこともあった。

この十数年は、フラコヴィッチ村の「おひさま幼稚園」のヴァレンチーナ園長さん（愛称ワーリャ）と副園長アンナさんが私たちを丸抱えで活動を支えてくれていた。それまでは主として学校グループとコルホーズグループが中心になってくれていたが、7年目以降は幼稚園グループが主となってくれたのだ。保養に行く子を決めて必要書類を取ってビザを申請するなどの現地での活動を、ラリーサ先生をはじめ、お母さんたちが懸命に協力し動いてくれた。ワーリャさんもアンナさんも子どもを私の所で保養をしているので、お互い気心が知れた親戚のような人間関係だ。

そして、日本大使館のある首都ミンスクでの協力も不可欠であった。自然保護団体「グリーンワールド」ミンスク代表のニコライ氏は何年もの間、ベラルーシ事務局的な役割を果たしてくださった。空港での出迎え、宿の提供、車と運転手の手配、村への同行。常に全面的なサポートをいただいた。

ニコライさんの友人で唯一の日本人女性で、現地のご主人ともども、宿の提供などたいへんお世話になった方もいる。体内の放射能を体外へ出すという、リンゴから抽出したサプリメントを購入していただき、村の幼稚園児に与えた。

いろんな方にお世話になった。モスクワ在住のヴァロージャさんには、通訳として同行していただいたことも多かった。私がまがりなりにもロシア語会話ができるようになったのは、通訳なしで1週間、1人で滞在したときからだ。やはり無意識にひとに頼るとだめなのだ。

子どもたち招聘の手続き

子どもたちを招聘する、これがじつはたいへんなことだった。最初にミンスクの日本大使館へ提出する書類を作成しなければならない。まず、日本に来る子どもたちを村の方で決めてもらう。ラリーサ、ワーリャ、アンナ、3人のご婦人にお任せする。子どもたちが決まったら、名前・生年月日・年齢・パスポートナンバーなど、パスポートの確認をする。

こちら側も書類が必要だ。招聘する目的、期間、主な日程、どこで知り合ったか、それを証明する写真や手紙、私の戸籍謄本、家族の住民票、納税証明書、宿泊場所、食事等生活費の負担者、入国コース、日程、便名、出国コース、日程、便名、などなど。

その次は航空チケットだ。私はJALのロシア・モスクワ支店と電話やFAXで連絡を取り合ったが、途中からメールでのやり取りに変わった。費用もややこしかった。米ドルで、指定された銀行への送金だったが、簡単ではなかった。ようやくすべてが完了したのを確認して、チケットを預かってもらい、当日モスクワの空港カウンターでもらうことを約束する。

何せベラルーシはロシアとは別の国だ。子どもだけでは許可にならないから母親か先生が同行しなければならない。車で首都ミンスクまで約420キロの道のり、そこから夜行列車に乗ってモスクワまで約600キロ、国境を越えて朝モスクワに着き、駅から空港へ行きチケットをもらって、ようやく日本行きの飛行機へ搭乗できる。

いま思い出しても、よくやれたなぁと思う。つまり日本という国は、それだけ入国が難しい国だということが分かった。まして旧ソ連から招聘だからなおさらのことだ。毎年、公安関係の方が訪ねてきた。のちには親しくなって会話集を持ってきてくれたこともあった。

日本からベラルーシへ行くのも、これまたなかなかたいへんだった。モスクワ（ロシア）経由、ウィーン（オーストリア）経由、フランクフルト（ドイツ）経由の3ルートがあった。どのコースも行ってみたが、最初のころはベラルーシの大使館がまだ日本になく、日本の外務省へ渡航手続き書類を出していた。やはり、入国の目的・宿泊所・滞在期間・日程・ルート。ミンスクのニコライさんの住所は英語で、フラコヴィッチ村の滞在先は英語表記が分からないのでロシア語で書いた。

外務省からは、決まってこう言われた。ベラルーシの南部には行かないように、牛乳は飲まないよう、手作りのハムやソーセージは食べないよう、それとキノコも食べないこと。私は南部に行き、子どもたちが食べているハムやソーセージやキノコを食べ、牛乳を飲んでくる。自分の子が食べて飲んでいる、同じものを食してくるのだ。もちろん、それは危険なことであるのは言うまでもなく、人に勧められることではない。

モスクワ経由だとロシアとベラルーシ両国のビザが必要だ。しかし、ANAでウィーンへ直行し、チロリアン航空という旅行業者も知らない航空会社の、小さな飛行機へ乗り換えてミンスクへ行く。これならベラルーシのビザのみでよく、このルートを多用することになった。オーストリアのウィーンからベラルーシのミンスクへ、飛行機で2時間ほどだが、空から見下ろす景色はあまりにも違いがあった。オーストリアは肥沃で緑が多く、ベラルーシよりも暖かく明るく豊かに感じられた。

片言ロシア語でもわかりあえる

ベラルーシへは日本から送金できるシステムがなく、だから、ほぼ毎年、支援物資をミンスクで購入して村へ運んだ。ベラルーシ入国のときは所持金を円、ドル、マルク、ルーブルの小銭まで申請しなければならず、帰国のとき額が増えているとストップをかけられた。だから空港への送迎はいつもたいへんだったし、重要だったのだ。

真冬にベラルーシを訪れたことがある。迎えに来てくれたのは、毛皮のコートを着たワーリャさんと、スクールバスを運転してきたアンナさんのご主人サーシャさん。彼のひげが吐く息で白くなっていた。毛皮の帽子と毛皮のコート、毛皮のえりまき、そのいでたちを見ながら、「外国」に来ていることを実感していた。

私は、大きくて重い革のコートを着せられ、頭には毛皮の帽子をかぶせられた。「ハラショー」、メーターの壊れた、50万キロくらいは走っていそうな小さなバスは、夏タイヤのまま悠然と走り出した。

不思議な信頼感があった。サーシャは何でも直した。学校では職業の教師だが、機械に強いだけではなく、家ではミツバチを飼い、ダンスが好きで、アローナとスベータ２人の娘の素敵な父親だ。４００キロ近い道中では、毎回アクシデントがある。ファンベルトが切れたときはネクタイを使った。オーバーヒートしたら川の水を汲んでくる。

彼だけに限らず、この国の人は、自分で直す。なんとかする。日本はどうだろう、直すことなくパーツを買って取り換える国になってしまった。

ワーリャさんにも驚いたことがある。ミンスクから村へ向かって帰るときだった。車がパンクしたが、スペアは無かった。運転手は通りかかったバイクを止めて、隣町に向かった。不安を隠しきれない私に、「ダメなら野宿しましょう」と彼女は笑って言った。運転手が首にチューブを巻き付けて戻ってくるまで、２時間近くかかった。森に入っていったワーリャは、オーリャとアーニャの小さな２人と手をつなぎ、木の実をたくさん拾ってきたと、笑顔で籠を差し出した。悠然として、そして童心。顔が輝いて見えた。

運転しながらサーシャは、時々車を止めて、道に塩を撒いていた。北・西の海や湖から遠いベラルーシでは、雪はあまり降らないが、寒い。でも素敵な旅だった。フラコヴィッチの村が近い。

ラリーサ、ワーリャ、アンナ、3人が村ではいちばんの日本通だ。3人とは、片言のロシア語と身振り手振りで、会話が通じた。やはり1か月、寺で寝泊まりしいっしょに生活したからだろう。ニコライさんが、私たちの会話を聞いて、両手を拡げ、「何と不思議な」と言った。文法も単語もいいかげんで通じ合う人間関係だ。

私がロシア語のキリル文字を覚えたのは、心臓バイパス手術でいのちを助けられた2001年の暮れだったから、それまでの8年余りは文字も知らずに過ごしている。つまり言葉とは、会話とは、元来そうしたものだと思う。幼児が、未然連用終止連体仮定命令や、サ行変格活用を知らなくても、充分に日本語で会話をしている。そんなことを言いながらめちゃくちゃなロシア語を使っていた。ラリーサ先生、ワーリャ園長先生、アンナ副園長先生ありがとう。

さて、おひさま幼稚園には、日本友好の部屋がある。日本人形や、浴衣と帯や、提灯やろうそくなど、たくさんの日本文化の品々が写真と共に展示されている。日本で買い求めたものや贈り物だ。中央には阿弥陀仏の掛け軸と蜀台、香炉がある。

陽気な村人の喜びと悲しみと

私たちが村へ行くと、男性はワーリャさん宅へ、女性はアンナさん宅にお世話になる。ワーリャ宅にはイーゴリ、ジーマ、ジェニヤの3人息子。アンナ宅にはスベータとアローナの娘がいる。全員小学生のときに保養に来ているので、私にとっては家族のようだ。アンナもワーリャも、ご主人は「サーシャ」だ。つまりアレクサンドルという名前で、愛称がサーシャ。ひじょうに多い名前だ。アンナ宅のサーシャは学校教師兼スクールバス運転手。村でたったひとりの来日男性だ。

ワーリャ宅のサーシャは、フラコヴィッチ村のさらに奥にあるアサレヴィッチ村などがあるコルホーズの長をしていて、コルホーズ再建のために自費を投入した熱血漢だったが、肝臓が悪く入退院のくり返しで、コルホーズも倒産した。私が泊るときには、村に数少ない自前のサウナを用意してくれる。家の玄関から真っすぐ畑の中にある道を行くと、家畜の小屋と石炭や薪を貯蔵しておく小屋と、バーニャとよばれるサウナ小屋がある。燃料は、長男のイーゴリがまき割りをして作ってくれる。

バーニャは、まきで熱した石に水をかけて、蒸気を部屋に充満させるシンプルなものだ。洗い場には熱湯が入っているドラム缶がある。その下の方に蛇口がついていて、そこからお湯を出して洗面器に受け、水と合わせながら顔や身体を洗う。裸になって部屋に入ると、中はもうもうたる湯けむり。2段式ベッドのような木枠があり、上の段は熱過ぎるので下の段に陣取る。お互いの火照った身体に、葉のついた木の枝をパチパチと軽く叩きつける。これが実に気持ちが良い。木の枝は白樺のようで、香りが出ているためか鎮静剤の役割をしているような気がする。

「サーシャ、ハラショー（最高だよ）」と言いながら、水ではなくビールをかけて香りづけをしているサーシャと笑い合った。

バーニャから出ると、晩餐だ。玄関の側に出してあったベンチが並べられ、いすが置かれている。焚き火に鍋をかけている。ドニエプル川で今日釣ったという、ナマズのような顔をした大きな魚を煮ている。鍋は、鮭をぶつ切りにして野菜と煮込む、北海道名物の石狩鍋に似ている。

ワーリャ、アンナの家族9人、ときには友達も加わり、みんなでテーブルを囲んで野外での晩餐会が始まる。さぁ～、乾杯だ。私もスピーチに仲間入りした。

「ベラルーシの、優しい男性と美しい女性のために、乾杯」

ウォッカを飲んで歌う。ウォッカはストレートで一気に飲み干す。私はほとんど飲めないのだが、一度だけは少量を飲み干すことにしている。この国の人はよく歌う。日本もかつてはそうだった。酒を飲み、歌い、そして踊ったものだ。そんな懐かしさが呼び覚まされる。

とくに女性は歌うのが好きだ。いつぞや、コルホーズの20人乗りくらいの小さなバスに乗って、ブラーギンの町へ出かけたときだった。定員の2倍近いぎゅうぎゅう詰めだった。乗っていた女性のひとりが歌い出した。するとみんなが声をそろえ、女性たちは和音をつけてハモりだした。男性も高らかに歌っている。バス全体が交響曲となって走っている。この国の文化の質の高さに感動した。

現代の日本のカラオケ文化はどうだろう。自分の好きな曲を歌うだけ。傍にいる人も聴いているわけでもなく、次に自分が何を歌うかを探している、と言ったら偏見だろうか。でも、そんな風に思う。

さて晩餐の最後はダンスだ。日本に来た子どもたちがいちばん欲しかったものはラジカセだったが、そこからのテープの音楽に合わせ、みんなで踊ったりしながら、最後の夜は更けていった。

翌朝、みんなが集まってくる。もう会えないかも、と集まってくるのだ。一人ひとりと抱き合いながら、目を見つめあって涙を流し、スパシーバ、ありがとう。そして、ダスビダーニャ、さようなら。

実際、次に村を訪ねたときには、亡くなられた方が多かった。最初の保養に来た4人の子どもたちの親たちだけでも、ターニャの父親、ナージャの父親、ジェニスの父親が亡くなっている。40代の若さで……。

原発事故の罪は、かぎりなく深く、重い。

6章　希望の未来へ……

小さな親善大使、ユリアとジャンナ

ユリアとジャンナは、今ごろどうしているかな。天真爛漫だった2人のしぐさを思い起こしていた。１９９４年、私が迎えた2回目の保養に来た、同じフラコヴィッチ村からの小学1年生の４人組のうちの女の子たちだ。

ユリアとジャンナは小学校の高学年になってから、2度目の保養にも招聘した。30キロゾーンの近くに住んでいる子どもたちはたいへんだ。さまざまな放射能障害に対処するには、そこから離れることと、汚染食物を摂取しないことしかできない。首都ミンスクにあるサナトリウムに行ったり、イタリアやポーランやドイツなどの近隣国へ保養に出たり。放射能障害で苦しむ子どもを何とかして助けたいと願う親の気持ちは、洋の東西を問わず同じだ。

2度目の保養のとき、ユリアとジャンナは3か月滞在した。ベラルーシでは5月末に卒業式があり、6月から8月いっぱい、3か月間が夏休みだ。女の子は順応性が高い。2人はどんどん日本語を覚えていった。学校や市役所も訪問する。あっという間に友達がたくさんできるし、ますます日本語にも慣れてくる。ロシア語・ドイツ語・英語のほかに、日本語もマスターできるかもしれない。そうだ、日本語通訳になったら、どうだろうか。

2人はテレビによく出るタレントのファンになり、笑顔をふりまきながら、どうしても会いたいという。数珠を手にしてナマンダブ、そして焼香。「そうそうっていうのは、ダー（はい）っていう意味？」と聞かれたことが印象的だ。たしかに私たちは会話の中で「はい」ではなく「そうそう」と言っていると気がつく。言葉は真似することから始まる。2人は「そう、そう」と「ちょっと待ってください」を連発する。

ユリアは、ひじょうに優秀な子だった。村の学校での成績も、いつも断然トップだという。後日、校長先生とラリーサ先生から相談を受けた。村始まって以来の秀才の彼女を、どうしても大学へ行かせてやりたい、何とか支援してもらえないだろうか、とのことだった。費用はどれくらい必要なのかを尋ねると、申し訳なさそうに、日本円に換算すると5万円ほどの額を告げた。本当にそれだけで良いのか、少し拍子抜けして聞き直したが、学校の教師の月給が5000円くらいだというので、納得した。ベラルーシでは大金なのだ。

当時、ベラルーシでは、ケチャップやマヨネーズは一般的な調味料ではなく、2人はマグロの刺身をケチャップで食べるのが好きだった。

会を支援してくれた友人のラーメン屋夫婦がいた。2人を数日「貸し出し」することになり、店のマドンナとなった。2人はたくさんの微笑みとエピソードをまわりに残して、帰国する。そして、ユリアは私たちに1通のメッセージを残した。

《私の願い　ユリア・ノビック》

私たちの住んでいるすぐ近くに、チェルノブイリ原子力発電所がつくられました。しかし人間はコントロールすることができませんでした。

1986年4月26日、突然、大爆発しました。このときから、もう何年も経ちました。しかし、この大きな事故の結果は、爆発の後もずっと残留放射能として、私の村の人たちを侵し続け、とくに私たち子どもに大きな障害となっています。放射能障害に苦しむということは、とってもたいへんなことであり、大きな苦しみと痛みなのです。お医者さんは、そのことを助けることができません。

地球は、私たちみんなの家です。地球はいったいどうなるのでしょうか。私たち子どもにとって、明日の地球がどうなるかは、とても心配で大きな問題です。それは、私たちと未来の子どもが、これからの地球に住むからです。

もう、再び同じような事故が起きてほしくない。そして、お願いですから、このかけがえのない地球に、原子力発電所をつくらないように、お祈りします。

暑い夏が過ぎ、盆も過ぎ、秋風が吹き、木の葉が落ち、冬の到来。やがて新しい年を迎え、春となる。1年は早い。地球は営々として休みなく動いている。

なぜなのか、なぜいのちよりも経済が大事だと思うのだろうか。福島第一原発の大事故が起きたにもかかわらず、なぜ原発再稼働への道を歩もうとするのか。原発をストップしない限り、核廃棄物は増える一方だ。ユリアからのメッセージを、願いを、おのれ自身へ届けられたものと受けとめてきただろうか。いったい人間はどこへ向かって歩んでいるのだろうか。

翌年、ベラルーシのユリアとジャンナの家を、妻と訪れた。ジャンナは、よく似た妹たちとともに母親を助けていた。コルホーズで働く父親は、歌をうたってくれた。

少し離れたユリアの家を訪ねた。質素というよりも貧しいという言い方をすることを許してもらおう。貧しさのなか、両親のいない彼女は、年老いた祖父母を助けながら暮らしていた。日本ではマドンナだったが、手にはくわを持ち、突然の来訪に驚き、戸惑っていた。家に入って、どこに座ったらいいのだろうか、崩れそうなバネの出たいすの端にそっと座った。

やせ細った老女が、両手を広げ、泣いて、私たちに抱きついてきた。祖母だった。孫がお世話になったと、何を言っているのか言葉は分からなくとも、祖母の涙と身体ごと抱きしめ合うことで、心は通いあった。少しして、祖父が何かを手にしてきた。何も差し上げるものがない、これは自分がつくった、と言っている。自家製のリンゴジュースだ。私たちは音を立てて飲み干した。きっと放射能がいっぱいだろう。

「おいしい。スパシーバ（ありがとう）」

胸がいっぱいになった。放射能を食べ、放射能を飲む。村の人はここで寝起きし、ここで暮らしている。生活をずっと続けているのだ。ユリアは日本から持ち帰ったおみやげのラジカセを見せてくれた。働いて、祖父母の面倒をみて、勉強を終えた後、これで音楽を聴くときだけが自分の時間だと言っていた。

その後、ジャンナは2児の母となり、ユリアは大学を卒業して、現在ブラーギン町の学校教師として、残留放射能の中で多くの不安をかかえている子どもたちに、歴史を教えている。

「ナターシャと過ごした夏」

ナターシャ（ナターリャ・トカチェンコ）のことも伝えたい。彼女は福島原発事故のとき、真っ先に泣きながら電話をくれた。3歳のときに被曝したためか極度の難聴で、のどもとには甲状腺の手術跡の傷があった。弟は最初に日本にやって来たパベル、母は私たちがベラルーシでたいへんお世話になっている学校教師のラリーサさんだ。

最初、中学生のときに保養のため旭川にやって来たが、日本が大好きになった彼女は、その後働きながら通信教育の大学で学び、9年後には村の子どもたちの引率者として2度目の来日も果たした。4人の子どもたちの付添いとして高校や看護学校・病院など、行く先々で多くの人々との交流が生まれた。旭川の街は彼女と子どもたちを温かく包んでいた。

ある日、旭川北高放送部の人たちが訪ねてきた。ビデオ作品を制作したいとのことだった。私は提案した。

「何回も訪ねてきてほしい。カメラを回す前に、まず子どもたちと仲よしになってほしい」

放送部のメンバーは幾度も寺にやってきた。辞典を手にしながらの会話から始まったが、いつしか絆は深まっていった。高校生たちから希望が出された。

「一晩泊まりたい。ナターシャたちといっしょに過ごしたい」

　こうして、ビデオ作品『ナターシャと過ごした夏』は生まれ、全道大会で優秀賞に輝いた。そして難聴だったナターシャには、顧問の先生から素敵な補聴器がプレゼントされたことを付記しておく。

　日本を離れる日が近づいた頃、ナターシャはチェルノブイリについて、1通のメッセージを残した。

「1986年春、ベラルーシには、悲しく大きな障害がもたらされました。その放射能障害は、今も私たちの周りに続いています。チェルノブイリの事故によって、どれだけ多くの人の心と身体が傷つき、死んでいったことでしょう。それらの人々は心の中で叫びます。誰もが今、この問いに答え、この責任をとらなければならないのです」

　彼女は、泣きながら、

「とても悔しく、悲しい出来事で、うまく言葉になりません。でも、多くの人が苦しんでいることを、みんなにわかってほしい」

と語っていた。私たちは、この言葉をわが事として捉えていただろうか。

　被曝したフラコヴィッチ村の人たちは、心うちとけた私にこう語った。

「ある意味、私たちは人体実験なのでしょう。人類の防波堤のようなものかもしれません。

ナターシャと子どもたち

まぁ、それでもいいでしょう。ただ、私たちが精一杯防いでいるあいだに、どうか気がついてほしいのです」

私はこれらの言葉を聞き、20年間、伝え続けてきた。しかし、福島の事故は起きてしまった。ナターシャたちの声は届いていなかったといえる。悲しい限りだ。

数年前に会ったナターシャは、2児の母親になっていた。笑顔の瞳の奥に憂いをたたえながら、フィンランドで暮らしているという。

希望と平和の集い

ベラルーシに行き始めた最初の頃から、私の気持ちの底には、ある想いがあった。

それは、チェルノブイリ原発事故の起きた4月26日に、フラコヴィッチ村で追悼法要をしたい、葬儀を執り行ないたい、という願いだった。当初、追悼法要について、ワーリャ、アンナ、ラリーサさんたちに相談したのだが、断られた。宗教が違うからかと思ったが、そうではなかった。

「チェルノブイリで亡くなった方々、それは過去の出来事なのでしょうか。そうではなく、今も亡くなっています。そして、これからも続くのです」

毅然として、そう言われた。そうだ、そうなんだ。過去、現在、そして未来だ。私たちはどうしても過去の出来事としてとらえてしまう。そのとき以降その話にはふれなかった。

しかし、村へ行き始めて10年が経ったとき、フラコヴィッチ学校の講堂で追悼法要を行なうことができることになった。名称は「希望と平和の集い」。ラリーサさんからの提案に、私はうなずきながら、「あぁ、ようやく仲間になれたんだなぁ」、そう思うと感慨深いものがあった。同じものを飲み食いして10年、村を歩いても学校でも幼稚園でも声をかけてくる、私の子どもがいる。私たちと同じ所に立ってくれているんだ、私たちと同じ気持ちでいてくれているんだ、そう村の人は思ってくれていたことを後で知った。

いつもお土産を詰めるだけ詰めての荷物だったが、このときは日本での葬儀と同じ準備だった。足袋、草履、白衣、帯、袴、色衣、七條袈裟、中啓、念珠、蜀台、蠟燭、香炉、香、線香、鈴。妻も、着物や茶道のお点前一式と花を活ける剣山を持参していく。

ミンスク空港に到着すると、グリーンワールドのニコライ氏がいつもの笑顔で出迎えてくれた。彼は、映画班3名が同行したいので許可してほしい、と言う。ゾーヤ監督一行は、その後4日間行動を共にする。翌日はワーリャさんの亡くなった親の家へお悔やみに行く。次の日は幼稚園へ。午後から妻は道端の木々を集める。オブジェになるのだが、その時点でみんなは、なぜ、ごみを拾い集めるのかと不思議がる。4月下旬のベラルーシは、北海道と同じような気候で肌寒く、花はもちろん咲いていない。

読経と讃美歌

2003年4月26日、今日はチェルノブイリ原発事故から17年目の日だ。昨夜はいつものように戸外で鍋を囲んでの夕食会だったが、朝早くドニエプル川へ行き、チェルノブイリに向かってたたずむ。

フラコヴィッチ村へ戻って法衣姿と着物姿の私たちは、アンナさんの次女アローナと手をつなぎ、講堂に入る。たくさんの人だった。700人ほどの村だが、150人ほどの人が集まってくれた。ステージにはじゅうたんを敷き、正面の壁にはカーテンを垂らし、その

希望と平和の集い。奥の祭壇に阿弥陀仏と千羽鶴とイコンを掲げた

前に持参した阿弥陀仏の絵像とキリスト教の聖画イコンを掲げた。二つを近づけても離しても不自然だった。そうだ、その真ん中には、京都の中学校からいただいた大きな千羽鶴を置こう。和ろうそくの灯火がゆらめく。妻は枯れ枝のオブジェを剣山に挿し、そして校長室の鉢植の赤い花を一輪、飾る。驚きの声が上がっていた。

チェルノブイリの詩の朗読、そして黙禱。会場は悲しみと希望と平和に包まれた。お香の匂いが漂う中で、鈴の音が講堂に響きわたる。読経を始め、同時にステージでは抹茶のお点前があり、ワーリャさんが正客となる。読経中、ユリアとジャンナが代表して焼香する。経典読誦、茶道、華道、お香のかおり、オリエンタルな雰囲気に包まれる。

静けさの中、スカーフをかぶった老女が二人、前に進み出る。じつは、仏教だけでの式にはしたくなかったので、キリスト教の賛美歌を、と希望していたのだが、長期間にわたるソ連時代の禁教のため、讃美歌を覚えている人がいない、とラリーサ先生に言われて諦めていたのだった。ところが、「ナガエさん、見つかったよ、2人いました」と先ほど聞いたばかりだった。

畑から駆けつけてくれた2人は、泥のついた長靴のまま歌い出した。何という透き通った声なのだろう。ボーイソプラノを思わす歌声は、不思議な空間をつくり出した。会場の人たちは声をつまらせて泣きだしそうな表情に変わった。今まで必死に耐えてきたものが、せきを切ってあふれ出したのではなかろうか。もちろん、私も深い感動の場に、身と心を委ねていた。

そして、このとき撮影された短編ドキュメンタリー作品『小さな記録・チェルノブイリ』は、北ヨーロッパドキュメンタリー映画フェスティバルで優秀作品を受賞し、ベラルーシ、ロシア、ドイツなど数か国でTV上映された。

ありがとう、みんな元気で

翌日の朝、4月にしては暖かい日だった。今度保養にくるナターシャとジーマとセルゲイ、お世話になったアンナさん、ワーリャさん、ラリーサさん、そしてユリアとジャンナ、それから、それから……。20人ほどの人々に見送られながら、村を後にする。

抱き合って、涙を流して、別れを告げる。

車の窓から手を振りながら、さよならを言い続けていた。

車を追いかけてきた子どもがいた。学校の横を通り抜けると、少し広い道に出る。それを右に曲がると村とはお別れだ。

フラコヴィッチと書いてある標識が、涙でかすんで見えない。

みんな元気で、生きていってほしい。

ありがとう。ロシア語ではスパシーバだけど、ベラルーシ語では、ヂャークイだったね。そして、さよならは、ダパパチェーニャだったかな。

ヂャークイ。

ダパパチェーニャ。

さよなら、とても、とても悲しい。

村の景色が、どんどん吸い込まれていくように感じられる。

荷馬車に乗った村の人が、こちらを向いて手を上げてなにか叫んでいる。陽に焼けた赤銅色の首にタオルを巻いている。生まれてから1日の休みもなく働いてきたよ、そんな声

別れを惜しんでくれる村人たち

が聞こえるような気がする。

ダパパチェーニャ……、さよなら……、ダパパチェーニャ……。

ありがとう……、ありがとう……、ヂャークイ……。

また、きっと、会おう……。

Ⅱ 核・原発・放射能

チェルノブイリ、爆発。ベラルーシの学校に飾られていた子どもの絵

足の下に無数のいのち

バスに揺られてみちのくを旅したときのこと、時間がゆっくり過ぎていった。眼をつぶるといろいろなことを思い出す。

あれはずいぶん以前のことだ。でも鮮明に覚えている。

当時小学生だった子どもの教科書を見ていた。どんなことを勉強しているのかな、と。そこには200平方センチメートルの土を調査した結果が載っていた。200平方センチメートルとは、大人のおよそ片足の広さだ。そこには何と、4万匹のいのちが棲息していることが報告された、とある。とても信じられなかった。

地表のアリやクモやさまざまな虫たち、石をよけると、土中には、ミミズに混じって米粒より小さな虫たちが、顕微鏡でなければ見えない小さないのちがうごめいている。私は子どものころにタイムスリップしながら、足の下に4万匹のいのちが生きている事実に言葉を失った。

いったいこの大地にはどれだけのいのちが生きているのだろうか。恒河沙(ごうがしゃ)、インド・ガンジス河の砂という意味である。ヒマラヤを水源とするガンジス河は、聖なる河ガンガーと呼ばれており、広大な海のような大河だ。そこにある砂とは、数えきれないほど多い、ということを意味している（日本の数字の単位としては10の52乗という）。

この地球には恒河沙といわれるほどの数えきれない無数のいのちが存在しており、お互いが繋がり合い、支えられ合い生きている。いや、生かされていると言わなければならない。それが事実だから。この無数、無量、無限、数えきれないことを印度サンスクリット語で「アミタ」（音写して、阿弥陀）という。2500年悠久の時空を超えて、アジアの民はそうした生命観をおのれの生きざまの根底にすえてきた。いのちの範疇は、動物から植物・微生物、さらに鉱物をも含めて「いのち」と拡がっていった。動物、植物、微生物、鉱物、まさに十方衆生だ。そしてそれらのいのちがすべて平等だという生命観、世界観、価値観に目覚める生き方として、ブッディズムは胎動したと言えよう。

ゴータマ・ブッダ（釈尊）に対する畏敬の念と深い思慕の想いは、永き歴史の中で数多くの「経典」と「仏」とを誕生せしめてきた。深い思索の中に、人類の根源的な問いかけと願いはパーリ語での小乗仏教経典、サンスクリット語の大乗仏教経典として幾度も編まれてきた。それは国と民族と言語を超えて、「慈悲」を語っている。

「慈」はサンスクリット語でマイトリー、「悲」はカルナ。マイトリーは慈しみ、カルナは呻きだ。人はいったいどれだけ呻きをもらしてきたのであろうか。人が人を殺す戦争で、殺戮の鬼となった。飢饉の中では餓鬼道となって、おのれだけが生き残る道を選び歩んだ。しかし、そんなおのれでもほんものの人間となることを願いめざすとき、ほんものの平等で平和な世界を願って歩むとき、慈しみの心に包まれる。

「クニ」思想との訣別

ふり返ってみよう。1945年（昭和20）8月15日、多くのいのちが失われた15年にもおよぶ戦争に終止符がうたれる。失われた日本人の命は、戦闘員が110万人、空襲などによる非戦闘員が30万人といわれる。そして日本軍による死者は、全アジアで2000万人にのぼるという。殺したのは誰か、殺させたのは誰なのか。

それは、「クニ」思想である。「異」を排する思想は、無数の差別をばらまいていく。中国で、朝鮮で、東南アジアで、沖縄で。強制連行が、従軍慰安婦が。民族差別を、性差別を。とどまるところを知らずに、ばらまいていく。私の心の中に、「クニ」信仰はないだろうか。

「クニ」思想は、呻きを生み出し、怒りと悲しみを丸めこみ、その本来の責任の所在を隠蔽し、転嫁していく。この思想は厄介だ。なぜなら、姿かたちを変えて自己にも内在するからだ。そして権力の構造の中にも寄生している。権力の持つ恐ろしさは、地位と名誉に酔いしれ、カネと人間を動かす快感の底なし沼に落ち込むことだろう。また、その怖さの本質は、とどまることを知らぬことだ。だから原発をつくり動かす黒い闇を葬るには、私たち一人ひとりが「クニ」信仰から訣別し、自立しなければならないのだと思う。

戦争は人を鬼にする。そして、原発もまた人を鬼にする。

福島の事故でお分かりだろう。とんでもないことが起き、それを隠すために何十回もの嘘の上塗りがなされていることを。なるべく大きな嘘の方がいいらしい。それを堂々と声を張り上げ、幾度も幾度もくり返すことによって、嘘は本当に見え始める。そして、人は洗脳されていくらしい。今や国会でも、マスメディアでも。

怖いことだ、民は洗脳されている。そう、そうして戦争に突入していき、同じく原発に突き進んできた。

原爆はノー。ならば原発もノーだ。もしそれが理解できないのなら、いまだ洗脳の呪縛から解かれていないのか。

忘れられない言葉

人には、それぞれ人生の中で忘れられない言葉との出会いがあると思う。私の寺を会場に、2泊3日の日程で物理学者の高木仁三郎さんを講師に、原発問題について学び、それを広げていく目的の「語り手養成講座」を開催したことがある。その最終日の昼近く、すべての日程が終了するときだった。1本の電話がかかってきた。小説『氷点』の作家三浦綾子さんからだった。

敬虔なクリスチャンの三浦さんとは、平和運動を通じてご縁が深く、だいぶ以前、断食あけの食事は私たちの教会で用意しています、と支えていただいたこともあった。電話は、次のようなものだった。

「自分も参加する予定でいたが風邪をひき参加を断念した。でもどうしても高木先生のお話が聞きたい。永江さん、申し訳ないが先生を連れて来ていただけないでしょうか」

高木さんをお連れすると、挨拶もそこそこに、三浦さんはこう問いかけた。

「高木先生、3日間お疲れさまでした。お越しいただいてありがとうございます。受講できなく残念でした。申し訳ありませんが、じつは、今日少し熱があります。でも先生にお会いしたかったです。しかし、長くは無理です。身体がもちません。大変失礼なお願いで

左から、三浦綾子氏夫妻、五十嵐広三氏、著者、高木仁三郎氏

誠に申し訳ありませんが、先生が3日間お話しいただいた中のそのいちばん大切なところを20分ほどお聴かせてくださいませんか」

一瞬おどろいた。3日間を20分で、とは。今もあのときの状況が思い出される。雰囲気も、空気すらも。三浦さんは、がんを患っておられた。しかし透き通った少女のような眼差しには、凛として気高いものが感じられた。

ほんの一瞬、時間が止まったように感じていた。高木先生は、静かにゆっくりと語った。「20分もいらないです。2分でいいです」、と言いながら。

「三浦先生、人間に、絶対ってないですよね」

何だろう、私は傍で聞きながら、哲学的な言葉が構築する、深遠な空気を感じていた。三浦さんは黙って高木さんを見つめていた。黙していたが言葉を使わず語られていたように感じた。次の言葉まで一瞬なのだが、長く感じていた。その場にいた全員が耳を傾けた。そして空気が張りつめた。

「人間は消し方を知らない火をつけてしまったのです」

それは重々しい言葉だった。物理学者であり日本で最高の核化学専門家の高木仁三郎氏、脱原発を象徴する人の言動は、のちの福島原発事故を予言していたと言われ、事故の後、多くの人々に氏の著書は読まれた。

高木さんもがんを患っていた。思い起こせば、部屋ではいつも横になっておられた。そんなお姿と優しい微笑みが瞼に焼きついている。三浦綾子さんは1999年、高木仁三郎さんは2000年、相次いでお亡くなりになった。残された私は、この言葉を伝えていかなければ、と生きている。いっしょに生きている。今も教えていただきながら。

おのれの乳房と睾丸に異常を感じ、わが子の尿にセシウムを見つける前に、いや、たとえ見つけた後でも遅くはない。地震が原因で事故が起きた。1000年に1度の津波が原因だという、その言葉に騙されてはならない。ちょうど戦争中の大本営発表のようなものだ。地震国日本に54基もの原発、大量の死の灰と高レベルの核のゴミの山をつくり続けている。恐ろしい核廃棄物をどうするというのだろうか。

「スロー・デス」の怖さ

1961年4月、初の宇宙旅行から帰還したソ連の宇宙飛行士ガガーリンは、初めて大気圏外から地球を見て「地球は青かった」と感動の言葉を残している。生命体を内包する奇跡の星といわれる地球は、46億年のいのちを生きている。

1日は24時間、分に換算する1440分。地球誕生から今までを1日とするなら、アウストラロピテクスがこの地球に出現したのは、たった1分15秒前のことだ。そんなつい今しがた現れた人間が、このかけがえのない地球を加速度的に壊している。

人は、おのれの欲望を充足させるために、何をしてきたのだろうか。

大地に手をかけた、山や川や谷や村を壊した。水力発電で電気を生み出すためだ。ダムの下にはかつて、学校や郵便局や家々があり、田畑があった。そして人々の暮らしがあり、子どもの笑い声があった。毎年、ダムの下に沈んだ故郷を見に来る人を知っている。何を見て、何を思うか。あなたなら、どうしますか。

すべてが断ち切られた。自然も人間も、そして心が切り刻まれていった。

次に、石炭や石油を用いた火力発電が造られた。そして人は、原子力発電の闇に突き進んでいく。その理由の一つに化石燃料の枯渇と、地球の温暖化がいわれるが、しかしそのどちらもが、国民を欺く大きな嘘であり、原発を推進するための大がかりな洗脳だったとは言えないか。

原理として結局はタービンを回し電気を生み出すことにかわりがない。その装置のためだけに地球上が放射能に覆われ、環境が破壊され、10万年以上という気の遠くなる歳月、全生命が危険にさらされていいのか。

いや自分に置き換えなければ分かりにくい。乳房と睾丸にストロンチウムが蓄積されていいのか。原発は1基つくると100年間お金が動くという、巨大な虚偽システム産業だ。そのお金に現代人は目が眩むのか。

いったい私たちは、未来の子どもたちに何を残そうとしているのか。

ピッツバーグ大学のマンクーゾ博士は、自身の論文の中で、放射能の怖さについて「スロー・デス」と述べている。ゆっくり死ぬ。確かにそうだ。

原爆は大量の人を一瞬で即死させるから、人はその恐ろしさに気づき、その後の放射能の問題も含めて、核兵器廃絶に向けて全地球的な願いとして歩むことであろう。しかし、原発の問題は、いわば放射能だけの問題だ。音もなく、臭いもなく、痛くもない。目からの視覚、耳からの聴覚、鼻からの嗅覚、そして舌からの味覚、身体を通じての触覚、5つの感覚器官だけでは分からない。だから放射能の怖さに気づけない。

ゆっくり、だからしょせんは他人事となる。自分が何でもなければ、他はどうなってもいい、そうした考えが跋扈する。いや、私自身もそうしたものを、悲しいが持っている。それこそが怖さの根源だ。原発1基が1年間稼働すると、広島原爆の1000発分の死の灰を生み出すという。日本の原発は、今まで6兆キロワット時を超える電力を生み出したそうだが、同時に広島原爆110万発を超える死の灰を生み出してきたのだ。

核廃棄物を国会議事堂へ

「私ら齢だから死んでいい。だから家に帰りたい」

この20年、ベラルーシの被曝地の村で何度も聞いた。帰れないことが分かっていて、なお募る望郷の念。同じ言葉を福島の人たちから聞かされたとき、いったい何を、どう私たちができうるのか。福島原発事故が原因で、21人もの方が自死されたという。呻くほかはない。

私たちは、いったいどこに立とうとしているのか、何をものさしとして考え、どこを視点として考え生きていくべきか。それこそが今、私たちに問われているのではないだろうか。

みんなでつくりだした結果は、みんなが共に責任を持たなければならない。それを共業《ぐうごう》といい、自分一人がつくった結果は、一人おのれ自身が背負って行かなければならない。それを不共業《ふぐうごう》という。そして重要なことは、それを単純に二つに分けるのではなく、その両方を同一の視座におく複眼的構造として同軸上で受け止めていくことであろう。

広島も長崎もスリーマイルもパラチンスクもチェルノブイリも、そして福島も、共業として全人類が受け止め、不共業として一人ひとりが突きつけられた危機的重大な課題として受けとめていかなければならない。世界が、今すぐ核兵器と原発を捨てることに心を一つにしなければならないのだ。いまだ海中に土中に大量の汚染水を垂れ流し続けている福島第一原発。お分かりだろう、今もってまったく収束はしていない。

今後、日本全国どこもが福島と同じ事故を起こす可能性があることは否めない。それが真実である。原発事故の全体像をグローバルに見すえなければならない。スリーマイル、チェルノブイリ、福島、事故はある年月を経て起きている。だから悲しいことだが、恐ろしいことだが、そう考えることが自然であろう。しょせん、人間のやっていることだから、悲しい。

放射能の怖さ、原発のもつ恐ろしさはみんな分かっているはずだ。与党も野党も、そして実業界も、官界も。本当は身震いするほど怖いことだと、わかっているのだと思う。原発を再稼働しようと言っている輩もだ。なぜなら、東京湾に原発をつくろうとしない。怖く恐ろしく厄介だからつくろうとしない。もし本当に安全なら、永田町にも原発をつくり、国会議事堂に核廃棄物を貯蔵すべきだ。怖さを知っているからそれをしないのだ。国民を愚弄するな。

なぜ国は過疎地へ手を伸ばすのだろう。単なるごみを投棄するのとは違う。本来、国の無策が原因で、農業や漁業や林業、そして酪農業が疲弊した。そうした地域に核廃棄物云々の風が吹く。危険で恐ろしく、みんな逃げ惑う最悪の毒だと知っていてだ。分かっていてのことだ。一言でいうなら、自分はまぁ何とか大丈夫だろう、ということと、お金だろう。よくよく原因を探ってみれば、世の中のできごと、お金が絡んでいることが大半だ。

さて、北海道の北辺、幌延町に「ゆめ地創館」という建物がある。これは多くの反対の声や広範囲な人々の反対運動を無視し、日本原子力研究開発機構がすすめている「幌延深地層研究センター」に隣接している。現在、実際350メートルを実際に掘っている。恐ろしい鎧を袈裟で隠すように、市民の眼から見つからないようにするためか、ネーミングとキャラクターとで本質を隠している。地底世界の疑似体験の誘いと、高さ50メートルの展望タワー、スタンプラリー、それらに混じって地層処分技術に関する研究開発のパンフレットでは安全をうたい、「放射線ってなんだろう」という24ページの冊子には、放射線は怖くなく、チェルノブイリ事故で62名、東海村事故で2名が亡くなったと表現し、福島の事故に関しては、「東京電力福島第一原子力発電所の事故などは、私たちに強烈な印象を与えました」とまるでよそ事であるかのような第三者的な表現に驚かされる。

福島原発事故による核廃棄物の中間貯蔵、最終貯蔵の問題が議論をよんでいる。さらに欧州に処理を依頼している高レベル核廃棄物のガラス固化体がある。これは今後次々と日本へ送り返されてくるだろう。いったい、どうするのか、どうしたらいいのか。まったくもって再稼働どころではないはずだ。

悲しみの観光化

核廃棄物は、人間のいない所に隠さないこと、埋めないこと。放射能は、放射性元素の原子核が崩壊して放射線を出す。天然に存在する物質の放射能は自然放射能といい、加速器や原子炉などで人工的に作られた「人工放射能」とは区別しなければならない。

10万年かかるという。私たちの作りだした核のゴミ（核廃棄物）などの人工放射能が自然界レベルの量になるまでの期間だ。10万年という時間は、とてつもなく長い、想像ができない天文学的な数字だ。その時間、みんなが核廃棄物を見つめ、監視していかなければならない。

私もあなたも、せいぜい100年未満でいのちを終えていく。しかし放射能は消えない。だから、隠すのではなく、危険な「地獄・魔物」だからこそ、衆目を集める場に置いておかなければならない。現在、チェルノブイリ事故現場の4号炉を覆う「石棺」といわれるコンクリート棺やさらなる新石棺のように、である。福島原発事故を完全収束させた後は、そうすべきだと思う。

10万年消えない放射能、そして増え続ける核廃棄物を閉じ込めたガラス固化体。とんでもないことだ、すぐに原発をストップするしか道がない。それなのに再稼働とは、どういうつもりなのだろうか。

人がそばに近寄ったなら30秒で絶命するという高レベル核廃棄物のガラス固化体は、国権の最高機関で全国民を代表する議員がいる国会議事堂に収めるべきと考える。どこへ持っていこうと、誰もが良しと言う場所があるはずはない。推進側も反対側も、100年後の与党も野党も、代表者として責任を取り、代々にわたって核廃棄物と共に歩んでいくべきだ。

核廃棄物の最終処分場は、人類の愚かさが20世紀・21世紀に何をつくりだしたのかを見据えていく場にしていかなければならないと思う。安全神話をふりまき、その嘘が露呈した今も、さらに推進しようという方々の牙城こそが、放射能の、核のごみを収めるいちばんふさわしい場所だといえないだろうか。

4世代で約100年、ならば10万年とは4000世代となる。人類はそのとき存在しているのだろうか。猿人、原人、旧人、新人。人類の歴史はずっと1本の幹として繋がっているわけではない。生まれて消え、消えては生まれ、消え方はどんどん早くなる。ならば、私たちも去るのであろうか。10万年前のネアンデルタール人は、今は存在していない。

何を言うのかと嘲笑する人もいるだろう。しかし今、福島第一原発の4機が事故を起こし、空へ海へ放射能をまき散らし垂れ流し、14万人を超える避難者がすべてを失っている現実の中で、だれも具体的な今後についての設計図を描けていない。まずは費用を問わず、外国の種々の支援をいただき、地球規模での人類の英知を集め、まず完全収束へ歩まなければならない。

もちろん、すべての原発を廃炉にすることは言うまでもない。その後、チェルノブイリを参考に、巨大なコンクリートの石棺や、あるいはすべてを丸ごと収める巨大な器が必要だろう。そしてダークツーリズムといわれる「悲しみの観光化」を通じて、国民全体が、放射能を収めて封印してある場を監視するシステムを構築するべきだ。隠してはいけない、表に出さなければならない。同地に博物館を建設などして、人が集まりみんなで監視する場にすることが大切だ。私たちは、チェルノブイリの事故と事故の後を学ばなければならない。

反対の声を無視し、全国各地に54基もの原発を抱えた日本。安全だと言えば言うほど増える恐ろしい核のごみ、低レベル核廃棄物と高レベル核廃棄物が増える一方だ。これが現実だ、そしてここから出発しなければならない。であるなら、事故の放射能と廃棄物の放射能との共存を覚悟するべきだろう。しかし、誰もそのことにはふれない。

中間貯蔵、最終貯蔵、その方法と場所をどうするのか、その議論は不毛だ。残念だが本質を隠している。なぜなら、結局みんな、最終貯蔵は人が少ない辺地を考えているのではないだろうか。果てはモンゴルだったり、ロケットでの打ち上げだったり。そういう図式はやめるべきだ。

逆行してはならないと思う。自分たち人間がまいた種なのだから、正面から受けとめていかなければならない。事故が起きた場合は、事故が起きた場でそのまま、石棺ですべてを覆い、そのまま最終貯蔵する。日本中、どこもが福島になり得る。しょせん、人間のやっていることだ、その覚悟をしなければならない。

そして、高レベル核廃棄物は、首都東京の国会議事堂もしくはその近辺の広場に巨大なドームを建てて、そこへ収納する。これならどなたも異論はないと思う。このまま人が驕慢の心を持ち続けると、遠くはない将来、福島と同じ規模の事故がおきるか、そうでなくても高レベル核廃棄物の牢獄に死すこととなるだろう。

10万年先へ向かって

ベラルーシの村の老人は、私の目を見つめて、こう言った。

「事故が起きたら逃げるのだ。そして、すべてをそっとその場に置かなければならない。放射能が消えるまでだ。移してはならない。動かしたり、かき混ぜたりしてはならない。分けてもならないぞ。じっと待たなければならない。放射能はなまやさしいものではない」

目をしばたかせながら、家族を亡くした悲しみを超えての言葉だった。

日本国内すべての地域が、すべての人々が、福島の原発事故をよそ事と思ってはならない。自分の住んでいる地や故郷のことと自覚し、悲しみと苦しみを共にしなければならないと思う。

推進していく人は、権力を笠に着て、住む人の少ない地を原発の場や最終処分場の場として選ぶ。反対の声がすくないからだろう。しかし、その対極にこそ大切な視点があるのではないか。つまり、危険だから隠すことを考えるのではなく、危険であるからこそ白日の下に晒し監視するべきだ、という考えだ。みんなが集まる場に、みんなが集まり続ける場所にこそ、コンクリートの巨大な石棺を並べ、人間の悲しみと愚かさを学ぶ場として提示していくべきだ。ただ、現在の福島は、収束以前の段階だ。

10万年という目標に向かって、歩まなければならない。もちろん、「つくった人」が責任をもつことは、いつの世でもいうまでもないことだろう。

責任を放棄している国よ、大切なのは国ではなく民だ。国とは一人ひとりの民を護るものだ。それを逆さまにしてはならない。もし国が、首都が、原発を抱える地が、政治やもろもろの思惑を超えて「いのち」の問題として必死に放射能を抱え込むならば、被害の中で壊滅的な打撃を受け、生きる希望も持ちえない地域も人も、精一杯ともに歩むことができる。

本当の意味で福島を支援するということは、そうした具体的な道を選びとることだ。もちろん、それを一方の旗とし、もう片方の旗は、福島を、みちのくを、いつも忘れないことだと思っている。

こうした考えにはきっと異論があり、反対の人がおられるだろう。「いま現在苦しんでいる方の気持ちを考えているか、今を生きることで精一杯だ」「国会議事堂に核廃棄物を、冗談じゃない」「いったい何を言ってるのか」、との御叱責も。

私は100年後を考えた。ベラルーシではいつも「汚染地図」をみている。10万年後は想像すらできないが、100年後なら何とか、自分もいなく、子や孫もいない100年後だが、少しは考えられるような気がする。そのような時間と空間からの視点であることを、了解いただきたい。

この後、悲しいが、第二、第三の事故が起きるかも知れない。北は北海道から南は鹿児島まで、都道府県の枠を外さなければならない。事故が起きたらその場所が抱える。泊が事故なら北海道だ。

100年の間には、なんとかなるだろうか。それまで、この国は果たして持つのだろうか。全国各地、おのれのことと捉えなければならない。そして、最大の責任は立法府・政治家にあり、行政府・政府にあることは自明の理である。

Ⅲ　仏法・仏道に学ぶ

イラスト・著者画

仏法の座標軸

日本列島は異常気象の波にもまれている。地震といい噴火といい、四方を海に囲まれている南北に細長い列島は、汚染水が垂れ流しにされ放射能にさいなまれているのに、政府や経済界は、のんきに原発再稼働の道を歩もうとしている。

さて、じつは今年2015年は、画期的な年なのだが、あまりそのことは報道されていない。何がいったい画期的なのかというと、それは54基ある日本の原発、そのすべてが動かずにストップして新年を迎えたということだ。原発がまったく稼働しなくても、今までと同じく当たり前のように私たちは生活し生きている。原発が動かなくても、いや、原発がなくても、何も問題はないということだ。だが、その事実を私たちに知らせたくない勢力があるのではないだろうか。

「原発がなくても大丈夫。安心してください、何も変わりません」

これほど大事な事実を知らせない、異常な「クニ」が今の日本なのだ。

電気料金が高くなっている、そのことに対して私たち庶民の不満、腹立ちを逆手にとって、だから原発を再稼働したら料金は下がる、という「盗人に追い銭」的な言動は許しがたい。

それだけではなく、この国の進む方向も尋常ではないような気がする。何か戦前回帰ファシズムの臭いを感じるのは、私だけではないだろう。やがて春が来ると、東日本大震災から4年が経つ。だが、生きるだけで必死な被災者の思い、すべてを失った困苦の現況は、いまだ変わっていない。家族と故郷を失い、愁嘆痛哭の世界は変わっていない。

いったいおのれ（縦軸）とは何か、そして世間社会（横軸）とは何か、どう考えていくべきか。おのれと世間、自分と社会の交点こそが「原点」である、と私は考える。縦軸だけでも横軸だけでも成り立たない。自分が成り立たないし、世間もまた成り立たない。

聖徳太子遺言といわれる「天寿国繍帳銘」には、「世間虚仮唯佛是眞」と記されている。うつり流れてとどまらない現象世界は仮のもので、世間は虚仮であり、ただ仏のみが真実である、との意味だ。被災者を置き去りにする国と、おのれの心と、世間。その座標軸を仏法に学びたい。

情報社会の恐ろしさ

以前にくらべて近年ひんぱんに、「世論調査」なるものがテレビや新聞紙上をにぎわしている。各社それぞれデータを公表しているが、公共的なNHKですら、1200〜1700人ほどに電話をし、回答のあった約1000名を「肯定・否定・どちらとも言えない」に分けて世論調査の結果として、それが全国に行きわたる。1億を超える人口の国のたった1000名のデータを見聞きして、私たちは踊らされている。

つまり、マジョリティ（多数派）の中に自らをおくことで安心し、自分では何も行動を起こさない人間となっているのではないだろうか。そのような人間が集まってつくり出した社会が現代なのだ。

なぜ自分で考えないのだろうか。

何でもスマホで検索する輩。テレビでは開票される前に当確マークがおどる。何と恐ろしいことか。

広告業界で圧倒的なシェアを誇る電通・博報堂などが作り出した、耳ざわりのいい言葉がマスメディアを席巻している。これはある意味、ひじょうに危険だ。デザイナーの描く画や写真と、コピーライターが紡ぐ言葉によって、本質が隠されていき、事実が隠蔽されていく、と言っても過言ではないだろう。

さて、それを権力が握ったらどうなるか。国民、国家、国益……。「国」という語が近年とみに前面に出てきている。私たち一人一人の上に国があるのか。否、そうではない。私たち一人ひとりが集まって国をつくっているのだ。どうも国民という言い方がいやなので、「市民」という語に置き換えよう。

私たち一人ひとりの「市民」が集まって「国」をつくっている、と考えるべきだ。すると見えてくるものがある。民主主義は、すべてを公開するものだ。秘密にし、隠そうとする権力は、その罪、万死に値すると言えよう。

横軸を拡げる

「世間」とは、うつり流れてとどまらない現象世界、自然環境としての自然、世の中、衆生が生活する領域、世の人々、世の中の生きとし生けるもの、迷える輪廻のありさま、汚れ俗世間、迷いの世界、世の中、世俗、世の中のならわし……。サンスクリット語でのロカ(路迦)を訳した「世間」という言葉に、仏教の多岐にわたる世界観が知らされる。壊れるべきもの、世の中、生きものとそれを住まわせている山や河や大地、それらを総合し、人間中心主義を捨てて自己中心の勝手な世界観を捨てなければならないことを、教えられる。

まさに、世間は虚仮だ、真実ではない。とんでもない嘘が世の中を覆っているではないか。悲しみと憤りとを、どこへぶつけてゆけばいいのだろうか。国も東電も誰も責任を取ろうとしない。東日本大震災で亡くなられた人たちとその家族、放射能の数値が高いため、遺体がそのまま放置されている現実。家族同様に育てて名前までつけていた家畜を殺さなければならなかった酪農家。それでも原発事故の真実を隠蔽し、放射能を垂れ流して、さらに再稼働へ向かおうとする国。悲しみと怒りを超える言葉が何なのかを知らない。

さて、いちばん小さな社会が夫婦、家族、そして地域、民族、国、世界、地球……。横軸の拡がりの極みは、十方衆生であろうか。仏教は人間中心の教えではない、あらゆるいのちあるものが徹底して平等であると説く。そして、完全な弱者視座である。

サンスクリット語の「サットヴァ」は、生存するもの、いのちあるもの、この世に生をうけたもの、生きとし生けるもの、人間、人びと、もろびと、世間の多くの人びと、衆生を意味する。私たちは、単に存在しているだけで尊いのではない。おのれ自身の存在のバックグランドが十方衆生であること、だからこそ尊いといえるのだ。

ブッディズムはもともと仏法といい、仏道といわれてきた。おのれ自身を訪ね、心をミクロに掘り下げ、支えられているいのちに気づかされ、連帯の願いをすべてのいのちあるものへとマクロに広げ、大地と語り歩んできた歴史であったと言えるのではないだろうか。私もあなたも、ここに存在している。生かされてここにある。生まれようとして誕生した人は誰もいない。すべては「縁」によって生起した結果である。

縦軸を掘る

私たちは、まさに無数、無量の生きとし生けるものに支えられている存在だ。数えられないほどの無数、無量をサンスクリット語で「アミタ」といい「阿弥陀」と漢字に音写する。

「私」とは何だろう。縦軸とはおのれ自身を意味する。それを掘ってみよう。何かが見えてくる。ヒト、人、そして人間。

母親の胎内の羊水に浮かび、約1年その水音を聴いていたからか、私たちは疲れると、海、湖、川、泉、滝へ、身と心を運ぶ。母の胎内に回帰することを願うように、無意識に羊水の音を求めているのではないだろうか。

身の回りを注意深く見渡すと、気づかないところに、胎内で聴いていた羊水の音と出合える。駅の発車の合図音は、今はベル音ではないところが多い。爽やかな水のような音が流され、疲れ急ぐ人びとの波を包み流れている駅がある。乳児の頭上で回るオルゴールメリーの音も、子と親を抱きながら、安らかな世界へと誘う。そして水琴窟の音もそうであろう。土中に逆さまに埋められた瓶の小さな孔に水滴を落とすと、聴こえてくる、羊水の音だ。

さて、「仏法、仏道」は自分自身をこう分析する、と学んだ。「父母所成」「飲食所成」「意識所成」、おのれに無関心な私に、釈尊は「自分学」を語る。これらの言葉について、述べてみよう。

父母所成《ぶもしょじょう》

私の存在とは、父と母によって成り立っている。親は2人だが、祖父母は父方と母方で4人。2人の親を合わせると総数は6人。さて親の数を倍々にしていくと8人、16人、32人、64人……。10代親をさかのぼると、その時点での親は、2の10乗で何と1024人となる。単に数字のマジックではない。そのうちの1人でも欠けると、自分は存在しないことになる。

問題は、そのことを如何にリアルに想像できるか、という感性であろう。私の親が確かにその時代その時代に生きていた、と親の絆の中におのれ自身を潜り込ませられるか、自分自身を見つけられるかだと思う。

それと大切なのは4代さかのぼると約１００年、20代さかのぼると約５００年前、16世紀の初めだから、戦国時代を迎えた頃となる、その時点での自分の親の数は、２の20乗でなんと約１００万人という数となる。30代さかのぼると約７５０年前で10億人。とんでもない数だ。地球人口が10億人を超えたのは19世紀初めのことといわれているから、私の親と、あなたの親も、どこかで親が重複していることになる。共通の人を親としているのだ。だからみんな他人ではない。いま地球上にいるすべての人、ただの１人として他人はいないのだ。

父母所成とは、単に親がいて自分が存在していることをいうのではなく、数えきれない無数のいのちのつながりの海におのれの存在があることを示唆している。「四海同胞」だ。そんな大切な原点を忘れ、私は今日も生きている。無数、無量、無限、恒河沙《ごうがしゃ》。ガンジス河（恒河）の砂粒（沙）のように、数えきれないいのちに支えられた私がここにあるのに。

飲食所成《おんじきしょじょう》

人は何を食べて生きているのだろう。飲食所成とはその文字が表わすように、自分とは飲んで食べている存在だ、という意味だ。では、何を飲み何を食べて生きているのだろうか。

生物は、動物、植物、微生物に大きく分けることができる。自然界における生物は、食う・食われるの鎖状に、それらは繋がり合っている。植物は草食動物に、草食動物は肉食動物に、死骸は微生物となり大地を肥やし、そこからまた植物が芽をふき、花を咲かせ、実をつける。食物連鎖だが、巨視的にとらえるならば、いのちのリレーと言えよう。

では、人間はそのいのちの鎖の輪のどこに在り、どこに位置しているのだろうか。どこにもいない。植物を食べ、草食動物も肉食動物も、微生物すら食しているのに、人間は飲みつくし、食べつくすのみの存在である。あらゆる生物は、おのれが食べたなら次には食べられる、というのが自然界の摂理だ。しかし私たちは、米をはじめ、穀類、野菜、魚貝類、鶏、牛、豚、卵。さらにキノコ、納豆菌、乳酸菌。ありとあらゆるいのちを食べ物と称し飲み食いし、その犠牲の上に生きている。他のいのちを殺し、おのれが生きている。実は生かされているのに、自分だけで生きてきたような恐ろしいエゴイズムの闇にうごめいている。

誤解をしている。自分自身が生きていることが、そのまま尊いのだと思い違いをしている。存在そのものが尊いということは、存在せしめ支えてくれている無量のいのちのおかげであり、生きているのではなく生かされているのだ、と目覚めなければならない。当たり前と思っている私は、命終しなければ。

たとえば、植物は、単に大地からのみ生命を享受しているのではなく、18分かかって届く太陽からの光と光合成し、大地とにじみわたる水とによって永々と育まれている。そのように、人間もまた人間以外の他とのつながりによって、生かされている。インドで聞いた、「人はブタを食べればブタに生まれ、ブタは人に生まれる」という言葉が忘れられない。人もブタも平等であるのだ。

日本の大学院で薬学を学ぶためにミャンマーから来日した女医さんご家族と親しくしていたが、寺でお正月を迎えたときだった。おせち料理を前にして夫婦で会話をしていた。

「美味しいって言ったらダメだよ」

そう聞こえた。

まだ日本語はたどたどしく、せっかくの料理だから美味しいって言わなきゃダメだよ、との意味だと思った私は、「何かお口に合うものがありますか、どうぞ好きなものを食べて下さい」と言った。

女医さんは私にこう言った。

「お坊さま、いのちに美味しい美味しくないって言うのは失礼ですよね」。

そのときの共感をもとめるラキラした瞳が目に焼きついている。そして、私は僧侶ではないなぁ、との衝撃を受けたことも。

食事のとき、そのことをよく思い出す。食べ物ではなく、「いのち」をいただいている。これもまた無数、無量なのだ。

原発に反対して3日間の断食を幾度もしたが、終えていただくコップ1杯の水は甘く感じられ、梅湯を飲み干して生の野菜をいただくと全身が赤く火照る。まさに、いのちをいただいていることを実感する。だが、そのことも普段は忘れて、私は生きている。

意識所成《いしきしょじょう》

心は三重構造である。近代の精神分析や心理学を創始したフロイトやユングは、はるか以前に仏教が深い精神分析と心についての学問を樹立し深めていることに驚嘆し、仏教に注目して学びを深めたといわれる。意識所成とは、心によって自分自身が存在していることと、を示している。

親だけではなく、飲んで食べているだけでもない。心があって、思い、感じ、人は生きている、存在している。仏教の唯識は、心についてこう語る。

第一の心を「意識」という。この心は表層にあり、外側の心といわれる。いわゆる普通いうところの心だ。この心は常に変化している。なぜなら視覚や聴覚など、目、耳、鼻、舌、皮膚の五つの感覚器官を通して知りえた事物に心が動く。それぞれ眼識、耳識、鼻識、舌識、身識、といい、意識は六番目で「第六識」という。

意識の特徴は、外側の事物に対して五感が動くと同時にコロコロ変化をすることと、内部からの影響を強く受けることだ。じつは内側にはもう一つ心があり、「第七識」という。仏教は、三重構造の二番目のこの心を「末那識《まなしき》」という。

サンスクリット語のマナスを音写したもので、この末那識は、我に執着する。自分から離れられず、意識がない状態でも存続し、心の深層でたえず動き続けている。迷いの根源であり、煩悩の汚染の根拠であるといわれる。

この心が、常に意識に影響を与えている。だから、見るもの、聞くもの、感じるもの、すべてにわたり自己中心になり、自分勝手な価値観で他を顧みないおのれになる。むさぼり、いかり、おろかさが根源的な煩悩として、自分さえよかったら他はどうなってもいい、という人間となる。悲しいことだ。私も、それがあることにいつも気づく。

さて、三重構造心の最奥部に三番目の心「第八識」があるという。第一の心が「意識」、第二の心が「末那識」、そして第三の心は、サンスクリット語で「阿頼耶識《あらやしき》」といわれる心の主体であり、蔵識とも訳される。自然体の心とでもいえるのか、あるがままの心であろうか。

合掌している姿は両手にスコップを持って、自分の心を掘っているのだと、私は思っている。第八識・阿頼耶識は、とてつもなく遠い世界である。知りたくない、掘りたくない、おのれの煩悩の闇を掘り続けなければならないからだ。

仏教の地平

中世に生きた親鸞は、「心に蛇や蠍が住んでいる」と自らを述べられた。そして七高僧と崇敬した源信（恵心僧都）は、往生要集で「大地を掘ること一千由旬にして等活地獄あり」と、心の大地の底にある地獄性を明示された。しかしそれは同時に「煩悩即菩提」への道程でもあるといえよう。

煩悩とは迷いで、菩提とは悟りである。まったく正反対に位置するのだが、しかし大乗仏教は、この絶対矛盾がそのまま自在に助け合い融合すると説く。だから思想が「願い」となるのだ。

仏教は明治になって宗教というカテゴリーに入ったが、本来は仏法、仏道といわれてきた。仏法とは、何を思索しどう考えるかであり、「思想」である。そして仏道とは、何をどう「実践」していくかだ。

残念なことに、いつの間にかその根本である両方が欠落し、「仏」を人格神的なものと崇め、それを信じる・信じない、という方向へとゆがんできた、とは言えないだろうか。仏教は、釈尊が説かれた教えとは違う道を、親鸞が示し歩まれた道とは違う方向へ歩もうとしているとは言えないだろうか。

おのれの煩悩に気づかされ、地獄性にめざめ、そこへ導かれるのは「自」によってではなく「他」によって、そして十方衆生によって……と、南無していく私でありたい。

無数の嘘を、煩悩を抱えたおのれが、同じく嘘偽りの「世間」の真ったただ中で、あくまでも「出世間」をめざす営為でありたい。ならば私にとって大切なのは「煩悩」であり、「世間」である。それを手がかりとして歩ませていただきたい。

人間は、世の中は、いったいどこへ向かって歩もうとしているのだろう……。

断食考

人間は食して生きている。飲み食いし、他のいのちの犠牲のうえで生きている。いや、他のいのちを殺し、許されて生きているのだが、そうは思えていない自分がいる。過去、幾度かの断食で考えてみたことを記したい。

私は北海道に建設された「泊原発」のゲート前のアスファルトの上に座していた。3日間の断食を始めた。いつのときもそうだが、思ったより空腹感はない。食べられないのとは違い、自分で「断食」すると決めたら脳から指令がいくのだろう。これも脳からの指令のためか、脚も痛くはない。

それまでも、何か理不尽なことに対して思うことがあったとき、抗議の「ハンガーストライキ」を実行していた。声高に叫ぶのではなく、抗議ではなく、自らの食を絶ち、座ることを選んだのだ。断食を体験して気づいたことは、何が原因なのかを、自分と世の中を静かに考える時間を持つことの大切さだった。

過去幾度かの断食は、そのいずれもが、国の権力が民を押さえつけてきたときだった。黙って見過ごせない自分がいた。特定の宗教を国家護持すべく法案がごり押しされようとしたとき、また、民の心とはほど遠い巨額を費やした大嘗祭のとき、いずれも3日間、72

時間食を絶った。

北海道泊村の静かなホリカップ海岸には、巨大な原発が建っていた。砂浜近くに宿泊用のテントを張ったら、あとは座るだけだった。1日はこんなにも長かったのか、そう思った3日間だった。人はふつう日に3度の食事をすることが多い。その前後を含め、1日24時間の中で私たちは食事に想像以上の時間を費やしていることになる。海岸の波の音を聞きながら、いろいろなことを思い出していた。

ものごとすべての結果には必ず原因がある。それを「因」という。そして無数の条件を「縁」といい、その因と縁によって「果」つまり結果が生まれてくる。そうしたゴータマ・ブッダ（釈尊）の考え方は仏法といわれ、それを根底にすえて歩む生き方を仏道という。ブッディズムは、時代や国や民族を超え、2500年の時空を超えて生きてきた。何か見えなくなったら、そこに戻ってみよう、原点だから。

では、原発の問題の根っこは何だろう。私たちは「因（直接的な原因）」と「縁（間接的な原因）」を忘れ、思索することも忘れ、ただ「果（結果）」のみを血眼になって追いかけているのではないだろうか。

食を絶ち、座りながら、なぜ私は今ここに座っているのだろう、そのことを考えていた。3歳下の弟は小学生のときに骨肉腫を発症して亡くなった。亡くなる2週間前、「お兄ちゃん立派なお坊さんになってね」と、弟は白い透き通った手を合わせて私に言った。

そんな弟の願いとはほど遠いところを、私はつまずきながら歩いている。うそと我執の煩悩にまみれた、立派ではないおのれではあるが、私が今ここに在るということは、無言の励ましが、願いがあったからと。一人になって静かに考えると、大事なことをたくさん忘れていることに気がつかされる。

さて、最初の断食のときはキリスト者が支援してくださった。「断食明けの食事は私たちの教会で用意してあります」と言われた、作家三浦綾子さんとの笑顔の出会いから40年が経つ。

断食は、始めるときは食べるのをやめるだけで簡単だが、それを終えるときがひじょうに大切だといわれる。普通は重湯、おかゆ、やわらかい食べ物、その順で元に戻すのだそうだ。泊原発のときは、アラスカでオオカミの研究をしていた教授、女性国会議員、グラフィックデザイナー、主婦、そして僧侶が私ともう一人。テントの中で語り合い朝を迎えたのだが、全員が3日間やり終えたのではなかった。私は平和運動を身をかけて実践している僧の、水も飲まないハードな方式を聞き、以後それにならう。

3日間の断食を終えると、まずコップ1杯の水を飲む。これがひじょうに甘い。不思議だが、水が甘く感じられる。次にどんぶりに熱湯を注ぎ梅干を2個ほど入れた、「梅湯」

を飲む。ふだんのときも年に数回大きな法要の朝に飲むが、でもそのときの器はもちろんどんぶりではなく、湯飲み茶わんだ。酸っぱい梅干の入った湯を、どんぶり1杯飲めるものではない。しかし水も絶っての3日間なので、喉も身体中も渇ききっている。喉を鳴らして、立て続けに3杯飲み干す。梅干の実をしゃぶり、すする。

「渇愛」という仏教語が頭に浮かぶ。乾いた喉が水を欲しがり、喉を鳴らしてなりふり構わずおのれの渇きを満たすためだけに水を飲み干すように、自分だけが可愛い我執を表し、自分のことのみを考えることを意味することばだ。人生が「苦」であることの認識、その苦の原因は自分自身だけが可愛いという「喝愛」だという。

そのことばの文字と意味は理解していたが、心底から分かってはいなかった。戦争の悲惨さや、飢えの恐怖を知らないからだろう。幾度目かの断食のときの2日目だった。お腹と背中がひっつくような感覚で、冷え切っているのに全身が熱を帯びたようなそのころがいちばん辛いのだが、寒かったでしょうと、風呂をすすめられたことがある。驚いたことに浴槽に身を浸すと身体中の毛穴から水分が吸収されるのだろうか、喉からは一滴も水分は取っていないのだが、渇きがおさまり、翌日は元気に朝を迎えたことがある。皮膚が呼吸していることを、まさに実感する。

喝愛とは、全身でおのれの生命が欲する叫びであり、同時にそのためにはすべてを殺戮してでも自分だけを守ろうとし、それを正当化し自己保身していくことこそが本質なのだ。それ以降、「ハンガーストライキ」という言葉は使わず、長年働きづめの胃と腸に休んでいただき感謝する「お断食」にと、想いが変わった。いや本当に、自分の身体でありながら粗末にしてきたのではなかろうか、と思うこととしきりだった。

梅湯を飲みながら、生の野菜をそのままかじる。なるべく噛まないで飲み込む。大根やキュウリだけでなく、人参も生で食べる。これが甘い。ふだんならそんな食べ方はしないのだが、何せ3日間何も食べていないし飲んでいない。ガツガツしながら美味しくいただく。生野菜が腸をこすり、宿便が取れるという。

この頃になると、便意をもよおす。お腹がぐるぐる音をたてる。排便しながら、また梅湯を飲む。一種の体内大掃除だ。何度もくり返していると、飲んだ梅湯と同じようなきれいな透き通った便になる。リンゴやミカンや梨、そしておかゆ。なんと美味しいことか。顔が紅潮してくる。顔だけではない、全身が赤みをおびてくる。身体にエネルギーが注入されたように感じる。カロリーという言葉が「熱量」と訳されている理由が、よく分かる。

私たちは口から「いのち」をいただき、その栄養分が血や肉や骨をつくってくださる。そうだ、私たちは「許されて生きている」のだなぁ。存在していること、それだけで何と希有なことか。「ありがとう」は英語でサンキュー。サンクとユーのふたつの言葉でできている。サンクは感謝、ユーはあなただから、あなたに感謝するという意味だ。それと比べ、「有り難う」はなんと不可思議な言葉だろう。「存在」していること自体がとんでもなく、難しいことであることを指し示している。

どれだけ迷惑をかけて生きてきたことだろう。世の中が複雑になって見えにくくなっていることが多い。しかし自分自身が見えていないことの理由は、世の中が複雑になったからではない。

原発の抱える問題の原因はどこにあるのだろう。人間がおごりたかぶり、万物の霊長とふんぞりかえり、自然の中に生かされていることを忘れ、科学万能主義と経済至上主義の穴に落ちている。そして自分自身も、ある意味同じ穴のムジナであることに気がつく感性が去勢されてしまったのだ。ヒロシマ、ナガサキ、チェルノブイリ、東日本大震災で亡くなられた無数のいのちの無言の励ましと願いに気づく私でありたい。

ホリカップ砂浜で波の音をききながら、燃料棒搬入のとき公園のサルビアの花を見つめながら、議会を傍聴し悔しさと悲しみの気持ちで道庁前の門前の雑踏の中で思った。人間だけが、いのちの海からはずれて、歩いている。

希望の夢

そっと思っている夢がある、というよりも願いがある。いつか人類が滅び、動物さえ死滅してしまうときがきたとしても、植物や微生物は生き残るのではないだろうか。そして、その微生物が進化して、やがて……、そのようなことを考えている。

人間は自分を頂点にして、ピラミッド型の生態系の最下層に植物や虫たち、そして微生物を位置づけてきた。しかしそんな上下関係は間違いだ。だけど、夏の夜、車で走って帰宅すると、フロントガラスに、前が見えないくらいたくさんの虫が付着していることが多い。ヘッドライトはむろんのことだ。光をめがけて飛んできた虫たちがバチバチっとガラスに当たり、体液を流しながら死んで付着している。こうした虫の死に、深く思いをめぐらせることはまずないかもしれない。水とブラシでゴミのように洗い流すのだから。しかし、もしその高速道路で人が倒れていたらどうするだろう。必ずや車を止めて助け起こし、救急車を呼ぶなどするだろう。そして犬や猫だったらどうだろうか。車を止めたりはせずに、ハンドル操作で避けながら、かわいそうにとバックミラーをのぞき込むくらいだろう。

つまり私たちの心の中では、人間－動物－虫、という順番で、いのちのランクづけをしているることになる。そして、タイヤで踏みつぶしてきた路上の草花や、そこに付いていた菌類などの微生物は、一顧だにされないだろう。虫の死どころか、それを草花の死とすら考えていない。ということは、植物や微生物はいのちの範疇にすら入れていないのだ。

ブッディズムは本来、生きとし生けるもの（一切衆生）はすべて平等としている。その教えが仏法で、そう歩む生きかたを仏道といわれてきた。しかし私はどうだろう。頭では分かっているのだが、生き方はうそ偽りだ。していることと、言っていることと、思っていることがばらばらな自分であり、さらにそれをつくろっている。「身《しん》・口《く》・意《い》」三業の統一をめざす道からは遥かに遠い。

以前、縁があって、南インドの友人の僧を訪ねたときだった。曲がりくねった路地の奥にある孤児院へ案内された。数少ない仏教徒の弁護士さんが私財で建てられたそうだが、十数人の子どもたちがいた。日本から持ってきたお菓子の入った大きな袋からひと握りずつあげようとすると、1個でいいと窓を指さされた。外には、たくさんの子たちが窓にしがみついて、中をのぞきこんでいた。そうか、あの子たちにも後であげなきゃ。

私は部屋の中の子たちにお菓子をあげようと、立ち上がった。8歳くらいの男の子が前に出てひざまずいた。私は立ったままビスケットを1個手渡した。するとその子はそれを押し頂いて牛糞にまみれた私の裸足の爪先にキスをしたのだ。私の身体を電流がかけ抜け、しゃがみ込んでその子を抱きしめた。

その後、私たちが贈り物をいただくことになった。中学生くらいの女の子がみんなを代表して立ち上がり、目をつぶり合掌している私の背中に何かを置いた様子だった。手を伸ばしたぐり寄せてみた。これは何だろう。つぎが当てられたバスタオルだった。子どもたちは、それ一枚で生きているのです、いちばん大切なのです、と教えられる。言葉にならない衝撃の連続だった。

汚物を拭いた捨てられる布をつなぎ合わせ身にまとわれた釈尊の心は、今、布施という文字と袈裟の形に残されているのか……。

食事をいただくときだった。青いビニールを敷き、バナナの葉でできたお皿が用意されたが、思わずお皿を落としてしまった。シートの上を大きな尺取り虫が首をもたげて這ってきたのだ。虫が大の苦手の私の驚いた顔を見ながら、弁護士さんは虫をよけてくれた。しかし虫をつまむでもなく、もちろんつぶすでもなく、放り投げるわけでもなく、ただ手をうちわのようにしてあおいだのだ。もちろん大きな虫だから手であおいでもどうなるものでもない。でも、シートの外に虫が出るまでずっとあおぎ続けていた。とても長い時間に感じられた。柔和な微笑みをしておられた。そしてゆっくりあおぎ続けていた。「自分は、僧侶ではないなぁ」と私は思った。自分はそこから遠い道を歩いているように思われた。

がらんとした部屋の中央に小さな小さな仏像が安置されていた。胸がいっぱいになりながら、合掌した。その日は満月の夜だった。私は仏像の瞼のことを思い出していた。目を開けても涙がこぼれ落ち、閉じてもやはりこぼれ落ちる。そっと涙をたたえている仏像の半眼を思い出していた。

人間同士が差別し、いのちの仲間の上に万物の霊長と君臨し、いのちをいのちと考えていない人間の心。恐ろしい心の世界を、地獄・餓鬼・畜生・阿修羅・人間・天上の六道はいう。迷いの闇は深い。だからこんな勝手な想いをもったりする。

もしかすると、植物や微生物が動物を救ってくれるかもしれない。いや、そんな身勝手な夢を持ってはならないか。10万年という途方もない時間が経って、人間がまき散らした放射能がゼロになって、それからまた新しい地球の歴史が始まっていくのではないか。

アジアの民には、釈尊へのつのる思慕の念と希求の想いであろう大乗の経典が、いのちあるものすべてが平等である、というアミタ（阿弥陀思想）と、未来仏のマイトレーヤー（弥勒思想）が広く伝搬していく。それは、そこに生きる民の極限を超える苦しみが生み出していったといえるのではないか。

さて、私は終末論を書いているのではないし、メシアニズム（救世主信仰）を述べているのでもない。仏法は「すべてのものが移ろいゆく」諸行無常を語る。そして、「循環し、大きくくり返ししていく」ことを語っている。チェルノブイリとフクシマと放射能、すべてを人間が生み出し、おのれ自身も何らかの形で関わっている責任、そのような今の状況を書き残しておきたかった。百年後の、いや十万年後の私の子たちへ……。

どこからか、泣き声のような唸っているような声が聞こえるような気がする。小さく低いが、地底から、そして天空から響きわたってくる。それは、約20万年前に出現し、4万年前に絶滅したとされるネアンデルタール人の声なのか。私たちの祖先である現生人類（ホモ・サピエンス）と共生し、深い交わりをもったということが、解剖学的な共通点やゲノム（全遺伝情報）で判明してきたという。つまり、私たちは、かつて「旧人」とよばれた人々のDNAを数パーセント以上受け継いでいるということだ。まさに時空を超えた、とてつもない巨大なスケールのドラマを超えた事実であろう。ネアンデルタール人は消えてしまったのではない。私の中に……。そう考えていくと、悲しみに満ちながらも、慈しみに満ちた、しかし希望に向かって励ましの咆哮のように私には聞こえるのだが。仏像の半眼の瞼の涙を忘れてはならない。

そして、原発が「死んだ」日、それは、いのちあるものが甦る日だ。空が青く、海も青く、木も草も花もいのち輝き、人ははじめて生きることができる。そのことを一人ひとりに伝えていこう。原発は「反いのち」だから……。南無。

あとがき

この本は私が書いたものではありません。亡くなっていかれた人々、死んでいった「いのち」が書かせてくれたものだと思っています。

今、21世紀初頭、ぜひとも書き残しておくべきことを、誰かが書かなければとの想いでペンを走らせました。ですから、今を生きている自分自身と社会への警告の書であり、同時に大切な「忘れ物」をしている「時代とおのれ」に対する訣別の書でもあり、描くとも私自身の仏法・仏道を標榜し、種々のご縁に対しての心からの感謝の書でもあります。そして……、やはり遺書なのだ、と思っています。

思えば、ペンを運ばせてくれたのは、我が家へきた89人の子どもたちでした。私たちを迎え入れ待ってくれているベラルーシの村人たちでした。さらに「みちのく」の人びとの、苦しみと悲しみを背負いながらも希望に向かい歩んでいくエネルギーが、私を支えてくれていました。ありがとうございます。本当にありがとうございます。

私は里親とは名ばかりで、すべて妻が、家族が、多くの人びとの願いが、20年を支えて下さいました。さらにまったくのボランティアでの事務局スタッフと世話人たち。作った料理を鍋ごと持ってきて下さったり、2〜3日、子たちを預かるから休んだらいいよ、と言って下さったり、子どもたちを連れての食事や案内、さらには自費でいっしょにベラルーシへ行って下さったり……。そして、本当にたくさんのお会いしたことのない方々をも含め、無数の「心の里親」のみなさまが物心両面で被曝児と私たちを支えて下さいました。ありがとうございます。送られてきたお手紙を読みながら、胸をつまらせ喜びの涙を幾度も流したことです。

「子どもが無事に誕生したので」「流産しました、悲しいです。これは出産の準備金でした。お元気で」「定年まで元気で働くことができ、退職金の一部です」「戦争でロシアにいました」「米寿をむかえましたが、お蔭で元気です」「貯金箱の小銭ばかりですみません」「子どもさんたちに会いたいのですが」「私の故郷は広島です、何かお手伝いしたくて」「文房具を送りました、使って下さい」

今も思い出しては胸が熱くなります。多くの人びとからの手紙と心が届けられました。

活動の出発はチェルノブイリ原発事故の前から喫茶店を会場にして辻説法的な歎異抄を

学ぶ会を毎月、何年にもわたってさせていただいた「たんにの会」と、「幌延高レベル核廃棄物問題を考える旭川市民の会」でした。また、福島の原発事故から1年が経った2012年3月から地元の「旭川新聞」（北のまち新聞社発行）に、毎週42回にわたって連載〈原発は反いのち〉を書かせていただきました。紙面を提供いただいた工藤稔編集長から、「思ったことを遠慮なく」と激励いただいたことがこの本の出発となりました。ありがとうございました。また、福島の「みちのく念仏」誌（相馬市、松山善昭氏発行）には、同じ2012年春から2014年秋まで〈ヒトはどこへ向かって歩むのか〉を3年にわたり連載の縁をいただき、「次号も」とのことでしたが、松山氏は急逝されました。心より深謝し、合掌のみです。

私の所属する浄土真宗本願寺派（西本願寺）からは大きな支えをいただきました。1996年、6名の子たちとともに京都本山へ参拝し、豊原総長（当時）から激励いただき、その後毎年、歴代総長からの励ましと、教団から協賛金をいただくこととなりました。子どもたちにとって、本願寺は想像以上の驚きと大きな喜びとして受けとめ、付添いの教師は、「仏教の愛を感じます」と話していました。

ユリアとジャンナが本山へ行ったとき、大谷範子裏方（当時）との面談があり、ユリアがメッセージ「私たちの願い」を読み上げました。その後長年にわたって「心の里親」に

なって下さり励まし続けていただきました。龍谷大学の信楽学長（当時）は、ナターシャたちと会い、実態に涙し心の里親として支援下さり、私自身多くのご教導をいただきました。また「本願寺新報」「大乗」「伝道」「めぐみ」「仏教こども新聞」を通じて、全国の寺院のご住職、仏教婦人会から多くの物心両面にわたってあたたかい心を賜りましたことを心から感謝申し上げます。

北海道由仁町本覚寺、兵庫県洲本市浄光寺、大阪府和泉市長徳寺、宮崎県高千穂町泉福寺の各寺院では、数日間のショートステイをさせていただき、たいへんお世話になりました。もちろん、北海道内、地元の旭川市内、組内寺院、あるいは宗派を超えての寺院からの支援がありましたことを記し、御礼申します。また、病院関係のみなさまには、検診・治療と、たいへんご面倒をおかけしました。旭川市道北勤医協一条通病院、旭川厚生病院、河野歯科医院に感謝申し上げます。長年にわたり学校全体で支援いただいた、京都蜂ヶ岡中学校、旭川北高等学校、旭川東高等学校、旭川西高等学校、旭川医師会看護専門学校、感謝しています。

また、大きな力になって下さったのは全逓信労働組合北海道地方本部からの何年間もの多額のカンパ（年賀状書き損じ、使い残しチャリティー募金）、南上川支部のバザーとあわせ、この場で御礼申し上げます。

さて最後になりますが、平田、石田、佐藤、佐々木、浅田、山本、貝津夫妻、緒方、遠藤、長谷川、山本、尾村、塩田、西田、歴代の事務局世話人の方々に感謝するとともに、最後までいっしょに歩んで下さった道場裕幸事務局長、山崎澄子会計、世話人の榎田自子、坪川博明、永江竜心、古田勢子、渡邉みね子各氏へ、万感の謝意を表します。自坊のあゆみ会（仏教婦人会）、真徳会（仏教壮年会）はもとより、多くの門徒の方々の支えがあったことはいうまでもありません。20年の間で、全国からどれくらいのみなさまからの支援をいただいたことでしょうか。お一人ひとりのお名前を掲載できてないことをお許し下さい。

朝日新聞、毎日新聞、読売新聞、北海道新聞、京都新聞、北日本新聞、中外日報、仏教タイムス、文化時報各紙、その他雑誌、さらにテレビ各社、FMラジオ等、数多くの取材と放映。そうした中に20年が、あっという間に過ぎてゆきました。たくさんの人びとの協力がなければできないことでした。そして何よりも家族の支えがあったればこその歩みでした。塩塚ハキ子・則子宅（京都）、永江雅子・西村瑞姫宅（福岡）では幾度ものショートステイに感謝します。

私の家族は5名です。妻の敬子はすべてにわたって支え、ともに歩んでくれました。妻なしにはできえないことでした、本年96歳の母米子は、かくしゃくとして2度ベラルーシに足を運びました。昨秋住職になった息子雅邦は、原発について種々50冊ほどの書籍や資

料を用意してくれて議論を交わし、妻知子とともに支えてくれました。モスクワのウラジミール・プロフォロフ氏、ミンスクのT・MASAKO、ステパン夫妻、日本が大好きだと、着物姿で仏式結婚式を挙げたアレキサンドル・イワノフ、マリーナ夫妻、ニコライ・アブランパルスキー、タチアナ夫妻、ゾーヤ・カトーヴィッチ映画監督、ありがとうございました。現在日本在住のオレーグ・バルシャイ夫妻、南インド在住の石谷政雄氏、ミャンマーのチチタ女医……。お礼申さねばならない方々は枚挙にいとまがありません。失礼の段があると思います。どうぞご寛恕ください。

最後にこの本を出版するにあたって種々の問題をクリアし特段の労をとって下さった、「阿吽社」小笠原正仁社長、拙文をまがりなりにでも読んでいただけるようにして下さった大槻武志編集長、お二人がおられなければ、この書が陽の目をみることはなかったであろうことを記してペンをおきます。

この書を手にとって読んで下さったみなさま、ありがとうございます。心から心から合掌します。……。南無阿弥陀仏。

２０１５年６月

永江雅俊

著者略歴

永江雅俊（ながえ　まさとし）

1943年、北海道旭川市、浄土真宗本願寺派天寧寺に生まれる。

龍谷大学文学部史学科を卒業後帰院。以後、平和問題、ヤスクニ問題、憲法問題、民族差別問題、核問題等に取り組み活動する。新聞、雑誌等に平和問題、原発問題について多数執筆。

またシンセサイザー作曲演奏の仏教と脱原発をモチーフとしたオリジナルアルバム「いのちの底を掘ると海が見える」「揺籃歌」をアナウンス。

現在、天寧寺前住職。NGO日本ベラルーシ市民友好協会代表。幌延高レベル核廃棄物問題を考える旭川市民の会代表。あさひかわ九条の会代表委員。原子力行政を問う宗教者の会世話人。旭川市医師会看護専門学校講師。

〔装　丁〕　吉田健人　(prigrafics)

原発が「死んだ」日
チェルノブイリ被曝児〈ベラルーシ〉89人の里親となった僧侶の20年

2015年8月10日　初版第1刷発行

著　者——永江雅俊
発行者——小笠原正仁
発行所——株式会社阿吽社
〒602-0017 京都市上京区衣棚通上御霊前下ル上木ノ下町73-9
TEL 075-414-8951　FAX 075-414-8952
URL : aunsha.co.jp
E-mail : info@aunsha.co.jp

印刷・製本——モリモト印刷株式会社

©NAGAE, Masatoshi 2015, Printed in Japan
ISBN978-4-907244-24-8 C0036
定価はカバーに表示してあります